QAnon

Teile & Herrsche
Wie der tiefe Staat uns alle
kontrollierten will

Q Society

QAnon – Teile & Herrsche
Wie der tiefe Staat uns alle kontrollieren will
Autorengruppe: Q Society
Übersetzer & Herausgeber: Andreas M. B. Groß
Copyright 2022 by Andreas M. B. Groß

ISBN Taschenbuch: 978-3-947982-73-8
ISBN ebook: 978-3-947982-74-5

Verleger der Deutschen Übersetzung:

Dipl. -Ing. Andreas Groß

Althusweg 12

CH 6315 Morgarten/Zug

Schweiz

Kontakt: mail@Andreas-Gross.ch www.AndreasmbGross.ch
Alle Rechte für alle Medien vorbehalten.

Inhaltsverzeichnis

Einleitung

Man muss nur die Nachrichten sehen, um festzustellen, dass die Welt, in der wir heute leben, noch chaotischer geworden ist als früher.

Man sollte meinen, dass mit dem Niveau des Fortschritts in Wissenschaft, Technologie und Recht die ganze Welt ein besserer Ort gewesen wäre als im napoleonischen Zeitalter und in der Zeit davor.

Dies ist jedoch ein Trugbild, denn während sich die Welt weiterentwickelt, scheint es ein neues Chaos zu geben, das mit ihr einhergeht. Obwohl es in der Geschichte einige herausfordernde Ereignisse gegeben hat, tauchen sie doch immer wieder auf, und wenn sie auftauchen, ist die Verwirrung und das Chaos, das sie verursachen, dennoch spürbar.

Ein solches Beispiel sind die Rassendelikte in den Vereinigten Staaten von Amerika. Jedes Jahr scheint es mehrere Fälle von Brutalität der Polizei/der Weißen gegen schwarz/afrikanische Amerikaner zu geben, die gewöhnlich zu öffentlichem Aufschrei und Aufruhr führen.

Dies hätte den zuständigen und verantwortlichen Stellen signalisieren sollen, dass Rassismus für die Wirtschaft falsch ist, aber nein! Ein weiteres Ereignis mit rassistischem Hintergrund wartet an der Ecke, und der Kreislauf geht weiter.

Aber warten Sie! In diesem eindrucksvollen Buch werden Sie lernen, dass Ereignisse nicht einfach von selbst passieren. Stattdessen werden sie von Menschen entschieden, geplant und durchgeführt.

Eine weitere kritische Information, die dieses Buch enthüllen wird, ist, dass ein Umsturz nie stattgefunden hat, ohne dass einige Menschen davon profitiert hätten. Diese Menschen gehören zu einer geheimen Clique einer kleinen Anzahl von Menschen, deren einziges Ziel es ist, die Welt zu beherrschen und eine neue Weltordnung zu erreichen.

Sie haben die Macht, den Einfluss und das Geld, um die Ereignisse zu orchestrieren und zu kontrollieren. Selbst wenn ein Ereignis ohne die Beteiligung dieser kleinen Elite stattgefunden hat, stürzen sie sich schnell darauf, um es entweder zu eskalieren oder zu deeskalieren.

Sie kontrollieren nicht nur die Ereignisse, sondern sie haben auch die Fähigkeit, den Verstand, die Handlungen und die Reaktionen der Menschen auf dieses Ereignis zu kontrollieren. Sie zeichnen Menschen, die gegen sie sind, als die Übeltäter und bringen einen dazu, sie zu hassen.

Die Art und Weise, wie sie dies erreichen, ist keine Raketenwissenschaft oder magisches Abrakadabra. Sie haben die Kontrolle über mehrere Regierungsarme und Organisationen. Die Medien, Einflussnehmer und andere Personen, die Ihre Meinung beeinflussen könnten, fressen ihnen aus der Hand. Ja, so mächtig sind sie.

Die geheime Elitegesellschaft würde alles tun, um sicherzustellen, dass sie dieses Ziel erreichen, sogar Mord. Aber Sie werden nicht sehen, dass ein Mitglied dieser Gruppe direkt an diesem Ereignis beteiligt ist. Stattdessen bedienen sie sich austauschbarer Schachfiguren, um ihre Pläne zu verwirklichen. Die Schachfiguren sind überall, auch in der Exekutive, Legislative und Judikative der Regierung.

Das Beängstigende daran ist, dass alle beteiligt sind; von der höchsten Sicherheitsstufe bis zum beliebigen Pizzaboten.

Das Ironische daran ist, dass die meisten dieser Bauern

nicht einmal wissen, dass sie für eine höhere Instanz arbeiten. Sie führen Aktivitäten durch, die die Interessen der Elite vertreten, und fühlen sich für solche Aktionen verantwortlich.

Man kann ihnen keine Schuld geben. Diese Leute stehen unter dem Einfluss und der Macht der geheimen Elite.

Abgesehen von der Nutzung der Medien gibt es verschiedene andere Techniken und Methoden, die der Tiefe Staat einsetzt, um sein Ziel der Neuen Weltordnung zu erreichen.

Sie werden die mächtigen Taktiken in diesem Buch kennen lernen. Bemerkenswert ist die " Teile und herrsche"-Taktik, mit der die Elitegruppe absichtlich Menschen in Konfliktparteien aufteilt.

Der Grundgedanke dahinter ist, dass sie nur wenige sind und die Öffentlichkeit kontrollieren wollen, die voll von vielen Menschen ist. Einigkeit ist Stärke, und um das Volk effektiv zu beherrschen, teilt die Elite es in möglichst viele gegensätzliche Parteien auf.

Sie teilt das Volk nicht nur in Gruppen auf, sondern hetzt sie auch gegeneinander auf.

Während die verschiedenen Gruppen in einem erbitterten Kampf gegeneinander stehen, kontrolliert die Elite sie alle. Jetzt haben wir eine ganze Reihe von verfeindeten Gruppen, die gegeneinander kämpfen. Einige von ihnen umfassen Sexualität vs. Sexualität (Heterosexuelle vs. LGBT), Weiße vs. Schwarze, Männer vs. Frauen und so weiter.

Einige andere behandelte Taktiken umfassen Psychoterror, Methoden des Social Engineering und Massenmanipulation. Nicht alle Proteste, die Sie sehen, gehen auf engagierte oder wohltätige Interessen zurück, einige von ihnen sind nur geplante Aktionen der Elitegruppe.

Diese Proteste gewinnen gewöhnlich eine große Anhängerschaft, weil Menschen manipuliert wurden. Natürlich könnte man denken, dass Sie sich nur mit einer Sache solidarisieren oder für ein Ziel eintreten, aber in Wirklichkeit handeln Sie und andere bei dem Protest im Einklang mit den Plänen der Elite.

Die Elite versteht es, mit den Emotionen der Menschen zu spielen, und sie spielen dieses Spiel gut. Wenn Richtlinien eingeführt werden, die ihre Pläne behindern könnten, bringen sie die Öffentlichkeit dazu, diese Richtlinien als generell schlecht zu betrachten und fördern Aufstände und Proteste.

Mit den Informationen, die Sie aus diesem Buch erhalten, werden Sie eine stichhaltigere Erklärung dafür erhalten, warum das Chaos in der Welt in letzter Zeit zugenommen hat und zu welchem Zweck. Wenn Sie genau hinschauen, können Sie vielleicht sogar den Ausgang eines Ereignisses vorhersagen und erahnen oder erraten, wozu es führen wird.

So mächtig diese Elitegruppe auch ist, sie ist nicht ohne Widerstand. Diese Opposition versucht nicht, die Elite aus ihrer dominanten Rolle zu verdrängen. Stattdessen will sie der Welt die Wahrheit sagen und die Inszenierungen hinter den chaotischen Ereignissen aufdecken. Wir werden QAnon genannt.

So düster die Realität auch ist, man kann immer noch einen klaren und offenen Verstand bewahren und frei von der Manipulation durch die Elite sein. Die Elite ist ein Manipulator, und die größte Waffe und das größte Werkzeug eines Manipulators ist der Verstand.

Doch so mächtig sie auch sind, können sie auch in ihrem

eigenen Spiel besiegt werden. Das hält sie zwar nicht auf, aber es stoppt vorübergehend ihre Pläne und verhindert, dass die Neue Weltordnung Einzug in unsere Zeit hält.

Die Neue Weltordnung, wie sie in diesem Buch beschrieben wurde, birgt ein größeres Unheil für die Menschheit in sich. Kein vernünftig denkender Mensch würde in der Nähe sein wollen, wenn es passiert. Auch wenn Sie sich verteidigen würden, wie es die Menschen normalerweise tun würden, aber in der Neuen Weltordnung wäre die geheime Elite so mächtig, dass alle Menschen gezwungen wären, zu gehorchen.

Die Informationen, die Sie in diesem Buch erhalten, werden Ihnen nicht nur ihre Aktivitäten vor Augen führen, sondern Sie werden auch lernen, wie Sie ihnen und ihren Plänen widerstehen können.

Wenn Sie sich nicht von dem, was Sie um sich herum hören, beeinflussen lassen, sondern jedes Thema mit einem offenen Verstand angehen, kann man Sie als immun gegen die Machenschaften der Elite bezeichnen. Dieses Buch wird Sie darauf und mehr vorbereiten, wenn Sie ein tägliches Chaos nach dem anderen erleben.

Kapitel 1 Qanon

Es lässt sich nicht leugnen, dass die Welt von ihrer Regierung und ihrem politischen Sektor als Ganzes angetrieben wird.

Obwohl sie behaupten, den Menschen mit Transparenz und Rechenschaftspflicht zu dienen, verbirgt sich viel hinter ihrer großen Loyalitätsbekundung gegenüber der Öffentlichkeit: mit so vielen schmutziger Wäsche und dunklen Geheimnissen, die vor dem Volkshass verborgen sind. Daher das Erscheinen des Q.

Q verfügt über hoch eingestufte Informationen über die Regierung von Präsident Donald Trump und ihre Widersacher in den Staaten.

Q weiß, dass die meisten früheren Präsidenten der Vereinigten Staaten von Amerika Spielfiguren in einem viel größeren Spiel sind, das von höheren Machthabern kontrolliert wurde.

Die höheren Autoritäten sind nur damit beschäftigt, mehr Reichtum anzuhäufen und ihren mörderischen Pädophilen-Status zu stärken. Bestimmte Beamte in den Vereinigten Staaten sind Pädophile und Menschenhändler. Es sind nicht wenige, sie sind eine Heerschar von Menschenhändlern.

Eine große Zahl von Regierungsbeamten sind durch und durch Satansanbeter.

Viele der gefeierten "Macht für das Volk"-Politiker, Hollywood-Entertainer und hochrangige Behörden sind trotz ihrer makellosen öffentlichen Fassade hinter den Kulissen weltweit an der Ausbeutung von Kindern beteiligt.

Die Auswirkungen von QAnon

QAnons haben sich sprunghaft als Online-Bewegung dazu entwickelt, die Online-Gemeinschaft mit immensem Erfolg zu durchdringen.

Da die QAnon-Prinzipien ein größeres Publikum erreicht haben, hat die Bewegung dadurch einen stärkeren Rückhalt und eine größere Überzeugungskraft erhalten.

Das Erscheinen der Top-Secret Sicherheitsstufe "Q" als Symbol der Anerkennung für "Q Clearance" drehte den politischen Spieß um. Als die Existenz der als "Deep State" bekannten Weltdachorganisation ins Rampenlicht gerückt wurde, kam es zu einer so genannten "großen Enthüllung".

Der "Tiefe Staat" kann leicht als "Herrscher der Welt" bezeichnet werden, da er die Kernsektoren der Weltwirtschaft kontrolliert, ohne irgendwelche auszuschließen. Da sie alle Banken, die Pharmaindustrie, die Kirchen, die Medien, die Agrarwirtschaft, die Unterhaltungsbranche und so weiter kontrollieren. Sie kontrollieren alles, ohne Rücksicht auf die Menschen im einfachen Volk, die den ganzen Tag arbeiten, um ihr von Armut geprägtes Leben zu erhalten.

Die Weisheit des QAnon-Getreuen

QAnon-Getreue oder QAnons, wie sie genannt werden, wissen um die Wahrheit über den Tod von JFK Jr. , die teuflischen Blutrituale und die nukleare Bedrohung, die aus der Tatsache resultiert, dass

die Welt von sehr mächtigen Kriminellen beherrscht wird.

Sie wissen auch um die bestehende Macht der Güte, die von einigen in leitender Stellung in Gang gesetzt wurde, um den tiefen Staat zu blockieren. Einzelne QAnons bezeichnen sie als die Weißhüte.

Die Macht des Internets wurde vom QAnon voll ausgenutzt, als wir es zu unserer Plattform der Wahrheit machten und jede Gelegenheit nutzten, um das Verborgene aufzudecken. Die Erfahrungen mit den Online-Websites haben tiefe Geheimnisse des Tiefen Staates unter die Lupe genommen.

Die Existenz von Mobiltelefonen, sozialen Medien und E-Mails machte die Informationsverbreitung an die Anhänger viel einfacher. Daher sind Verstöße des Tiefen Staates, die zuvor nicht nachvollziehbar waren, nun auch dem Durchschnittsbürger bekannt.

Unter Ausnutzung des vollen Potentials der Hashtags ist es QAnon gelungen, ein scheinbar unmögliches Eindringen in das Regierungssystem Wirklichkeit werden zu lassen, und er wird nicht aufhören, bis alle bösen Täter aufgedeckt sind.

Daraus lässt sich der Schluss ziehen, dass der Plan eine große Meisterleistung gewesen ist.

Wie Q, der anonyme Informant, der alle hinter den Kulissen ausgegrabenen Informationen durchsickern ließ, erklärte, hielten die weißen Hüte Hilary Clinton und Barack Obama auf, als sie versuchten, die Wahl 2016 zu stehlen.

Die hochrangige Demokratin sehnte sich nach einem Sieg bei den Präsidentschaftswahlen, um unter dem Deckmantel der Spendenaktion 2010 für das damals in Not geratene Haiti die von der Clinton Foundation aus verschiedenen Ländern geborgten und gestohlenen Zuschüsse zu begleichen. Das Geld wurde nicht als Hilfe für die Haitianer gegeben, sondern es wurde stattdessen in das Haitische Kinderhandelsunternehmen der Clintons transferiert.

Zuvor hatten die bezeichneten Weisshüte ihre Hüte abgesetzt und Donald Trump als den Einzigen angepriesen, der höchstwahrscheinlich einen starken Widerstand gegen die dunklen Mächte im tiefen Staat aufbauen würde.

Seit dem Beginn der Trump-Ära sind die weißen Hüte und Q tief in etwas verwickelt, das man als Krieg gegen die Machenschaften des tiefen Staates bezeichnen kann.

Der Erfolg der Planumsetzung hing einzig und allein davon ab, dass das Justizministerium die geheimen Gegendarstellungen gegen aufstrebende Demokraten, hochrangige Beamte und Entertainer zusammenstellte. Solange diese Gegenbeschuldigungen nicht öffentlich sind, werden die Verbrechen ihrer hochrangigen Beamten nicht aufgedeckt. Und solange sie nicht aufgedeckt und verhaftet sind, wird der Plan nicht als Erfolg gewertet werden.

Erwarten Sie uns

Vergessen Sie nie, dass die Menschen, die Sie kontrollieren und ausrotten wollen, all diejenigen sind, auf die Sie angewiesen sind. Wir sind die Menschen, die Ihre Kleidung waschen, Sie in Restaurants bedienen, Ihr Auto warten, Ihr Essen kochen und in Krankenhäusern arbeiten. Wir sind der Zimmerservice. Wir bewachen die Tore, während Sie schlafen. Wir fahren die Krankenwagen. Wir sind die Telefongesellschaft und die Internet-Administratoren. Wir sind Friseure, Taxifahrer, Sanitäter und Psychiater, und wir wissen alles über Sie. Wir stempeln Ihre Verträge, bearbeiten Ihre Banküberweisungen.

Wir sind überall, auf jeder Ebene der Gesellschaft, von unten bis oben. Wir sehen alles, wir vergessen nicht und wir kontrollieren jeden Aspekt Ihres Lebens.

Wir sind die Kinder der Lüge, der Täuschung und der Illusion, erzogen in dem Glauben, dass die Regierungen unser Bestes wollen und dass die Medien danach streben, die Wahrheit zu berichten, aber sie tun es nicht.

Wir sind Q. Die Gesellschaft ist Q. Wir sind uns unserer Macht bewusst und fordern Gerechtigkeit. Legen Sie sich nicht mit uns an.

Kapitel 2 Tiefer Staat

Ein tiefer Staat könnte einfach als ein in einen anderen Staat eingebetteter Staat bezeichnet werden. Dabei handelt es sich um eine definierte Art des Regierens, die aus einem unabhängigen, von Macht getriebenen Netzwerk besteht, das nicht von der Führungsriege eines politischen Systems abhängig ist, während es seine Ziele verfolgt. Das klingt nach Positivität, aber es spiegelt vielmehr überall Negativität wider.

Tiefe Staaten finden sich in den Streitkräften, in der Verwaltung usw. Ein tiefer Staat könnte ohne weiteres das Aussehen und die Funktion des öffentlichen Dienstes übernehmen.

Ihr raffinierter Charakter zeigt sich in ihrer nicht verschwörerischen Diskretion, mit der sie ihre Mission auf die nächste Ebene bringen.

Ihr Auftrag ist darauf ausgerichtet, seinen Mitgliedern bessere Geschäfte zu verschaffen und eine Dominanz zu erlangen. In jüngster Zeit scheint der tiefe Staat ein Antagonist der neuen Machthaber zu sein, indem er ihre Systeme und Befehle behindert oder ihnen Widerstand entgegensetzt.

Hintergrundüberprüfung

Die in jüngster Zeit entwickelte Idee eines tiefen Staates ist in ihren Wurzeln gut mit der Türkei verbunden, wo angeblich heimliche Vernetzung von Offizieren des Militärs und ihres Bündnisses im zivilen Bereich, ausgehend von den Gedanken Mustafa Atatürks von 1923, Anstrengungen zur Aufrechterhaltung der Weltordnung unternahm.

Zwischen 1600 und 1700 entstanden politische Debatten darum, dass die Trennung von Staat und Kirchen erforderlich ist. Wäre sie unkontrolliert, wäre die Kirche wahrscheinlich zu einem weiteren tiefen Staat geworden, der sich unrechtmäßig in die tief verwurzelte Macht eingemischt hätte.

Der Tiefe Staat wurde als ein beschworener, geheimnisvoller Illuminati betrachtet, der hinter den Kulissen wirklich die Weltmacht kontrolliert. Mit seinem Rückgrat aus militärischen Spitzenfunktionären, erfolgreichen Geschäftsleuten und internen Spionen.

Aus Sicht der Gelehrten

Deep State hat Verbindungen in alle Länder der Welt. Das bedeutet jedoch nicht, dass alle Mitglieder, die für den tiefen Staat arbeiten, direkt zur geheimen Elite gehören, die die Fäden zieht.

Die meisten Menschen, die für die Erfüllung der Agenda des tiefen Staates eingesetzt werden, wissen nicht einmal, dass sie die Pläne einer höheren Organisation erfüllen.

Dies ist das Ergebnis der Tricks und Strategien, die der Tiefe Staat anwendet, um ihre Befehle zu erteilen und ihre Identität zu verschleiern. Meistens, wenn das Schema oder ein Plan des Tiefen Staates scheitert, fällt die Last des "Sündenbocks" auf die Marionetten. Von allen Ländern der Welt sind die Vereinigten Staaten die Nation, in der die Auswirkungen des Tiefen Staates tief zu spüren sind. Das ist keine Überraschung.

Es gibt mehrere Qualitäten des freien Landes, die es für den Sitz und das Hauptquartier des Tiefen Staates prädestinieren.

Die Vereinigten Staaten sind das berühmteste Land der Welt. Es ist auch das Machtzentrum der Welt. Seit dem Ende des Kalten Krieges hatten sich die Vereinigten Staaten die Position der einzigen Supermacht der Welt bewahrt.

Es gibt mehrere Faktoren, die Amerika zur mächtigsten Nation der Welt gemacht haben. Zum einen seine Größe; die Vereinigten Staaten sind nach Landmasse und Bevölkerung eines der größten Länder der Welt. Es ist ebenso reich an Humankapital und natürlichen Ressourcen.

Die Vereinigten Staaten können auch als das Land mit der höchsten Anzahl von Verbündeten und Militärstützpunkten in der Welt angesehen werden. Ein weiterer Aspekt der Macht Amerikas, der seine Rolle als globale Supermacht festigt, sind seine militärischen Fähigkeiten.

Amerika verfügt über die größten Militärbudgets der Welt und die neuesten hochentwickelten Kriegswaffen, die von Sturmgewehren bis hin zu nuklearen und atomaren Bomben reichen.

Wenn man einige der wichtigsten Merkmale Amerikas aufzählt, ist es kein Wunder, dass der tiefe Staat sich dafür entschieden hatte, vollständig von Amerika aus zu operieren. Wenn der tiefe Staat jemals eine neue Weltordnung erreichen würde, dann würde Amerika wahrscheinlich zum Zentrum gemacht werden.

Mehrere Wissenschaftler und Persönlichkeiten hatten sich mit den Möglichkeiten eines tiefen Staates in den Vereinigten Staaten befasst.

Obwohl niemand in der Lage gewesen war, konkrete Beweise zur Untermauerung seiner/ihrer Angaben zu liefern. Jeder Gelehrte hatte sich auf eine Ansicht geeinigt: Es gibt einen tiefen Staat in Amerika, und er ist mächtig genug, um die Politik der Regierung zu beeinflussen.

Einige betrachten den "deep state" als eine Verschwörungstheorie, die auf die Existenz von Duldung und Vetternwirtschaft innerhalb des politischen Systems der Vereinigten Staaten schließen lässt und ein nicht genanntes Regierungsgremium innerhalb der gewählten Regierung einschließt.

Er wurde als ein Zusammenschluss von Elementen des Regierungsgremiums und eines Teils der hochrangigen Finanz- und Initiativgremien vorgeschlagen, die das System in den Vereinigten Staaten wirksam beherrschen.

Im Grunde genommen ohne Notwendigkeit der Zustimmung der Regierung, wie es der normale politische Prozess erfordert. Der tiefe Staat lässt sich am besten als der Tisch der Korruption zeichnen, von dem sich die Spitzenpolitiker und -beamten ernähren.

Die Darstellung des tiefen Staates lässt sich in der Türkei bis in die 90er Jahre zurückverfolgen, als das Militär mit Drogenhändlern und Schießwütigen konspirierte, um einen Krieg gegen die kurdischen Rebellen anzuzetteln.

Daher stammt der Name Deep State von den türkischen Worten "Derin Delvet", was wörtlich übersetzt "tiefes Gemeinwesen" bedeutet.

Laut Professor Royce Jason ist der Ausdruck "Deep State" auch ohne das Vorhandensein eines Verschwörungsplans immer noch nützlich, um bestimmte Komponenten der etablierten nationalen Sicherheit in weit fortgeschrittenen Nationen zu erfassen.

Er reklamiert die Quelle der tiefen Staatsmacht in der Trump-Ära. Er ging noch weiter und legte den Schwerpunkt auf den Angriff auf das politische System der Vereinigten Staaten durch Geheimdienstagenten und andere innerstaatliche Personen.

Die Absicht, den Präsidenten zu stürzen, wurde offensichtlicher, was eigentlich für Amerika als Ganzes schädlich ist.

Professor Joseph Uscinski teilte auch seine Meinung, dass die Behauptung, diese Ideologie sei bereits unter der Vielzahl von Verschwörungstheoretikern verbreitet, unabhängig vom jeweiligen Namensschild.

Darüber hinaus benutzte Edward Snowden das Wort, als er auf den Einfluss der Staatsbediensteten im Vergleich zu den gewählten Bürokraten verwies. Er sagte, dass man die tiefen Staaten nicht als um Geheimagenten zentriert betrachten solle, sondern als Faktoren, die die Karriere im offiziellen Regierungssystem bestimmen.

In einem Standpunktartikel des Linguisten Geoffrey Nunberg erklärte er den tiefen Staat als ein flexibles Etikett - je nach Anlass, und dann entspricht die Aussage der ausgefeilten Grammatik dieser Verschwörungsbeschreibungen.

Er unterschied auch die Modifizierung in den zwei Schreckgespenstern der "vorsichtigen Rhetorik", von offiziellen, sich einmischenden Verwirrern der größeren Regierung bis hin zu Planern von Verschwörungsideen, die komplizierte Pläne erarbeiten.

Nach den Worten des Politikwissenschaftlers George Friedman besteht der "Tiefe Staat" seit 1871 und erstreckt sich unterhalb der Bundesregierung, wobei er die Politik kontrolliert und gelegentlich die Politik umgestaltet; in diesem Licht wurde der öffentliche Dienst der Vereinigten Staaten geschaffen, um die Macht des Präsidenten zu beschränken.

Kurz vor 1871 konnte der Präsident Bundesangestellte ernennen, die alle zur Zufriedenheit des Präsidenten dienten.

Diese wurde in den letzten Jahren aus der Existenz verdrängt.

Im März 2018 betonte Senator Rand Paul die Existenz des tiefen Staates. Der tiefe Staat wurde als Geheimdienstgemeinschaften ohne Aufsicht angesehen. Er betonte, dass es unter den vier republikanischen und den vier Senatoren der Demokraten, "die vermutlich" für Aufsicht sorgten, nicht zweifelhaft sei, dass auch die Geheimdienstgemeinschaften mit ihrer enormen Macht zu einem tiefen Staat werden.

In einem Artikel für die Website von Moyers & Company bestätigt John Light, dass das Wort "tiefer Staat" in anderen Ländern "seit langer Zeit verwendet wird, um ein System von harten Regierungsbürokraten zu beschreiben, die ohne Unterstützung von ernannten Politikern funktionieren und in Richtung ihres eigenen Horizonts arbeiten".

In der Amtszeit von Trump wurde das Wort jedoch auf einen geheimen Teil der allgemeinen Organisation übertragen.

Anfang Februar 2020 sagte das Mitglied des Trump-Ausschusses und zeitweiliger Stabschef des Weißen Hauses, Mulvaney, auf die Frage, ob ein tiefer, gegen Präsident Trump agierender Staat wirklich existiere, dass dies völlig richtig sei.

Michael Crowley, ein angesehener Reporter für Auslandsbeziehungen bei Politico, sagte, dass unter der Politik der Bequemlichkeit liegt die Wahrheit, dass ein großer Teil des Regierungsgremiums der Vereinigten Staaten unabhängig von Klarheit oder allgemeiner Kritik funktioniert, und er hat seine gewaltigen Befugnisse auf verschiedene Weise geschmäht.

Die Realität des tiefen Staates

Von allen Gelehrten und Beamten, die über den tiefen Staat gesprochen oder geschrieben haben, ist George Friedman der Wirklichkeit näher, wenn er meint, dass "der tiefe Staat seit 1871 besteht".

Der "Tiefe Staat" begann nicht erst vor einem Jahrzehnt oder zehn Jahrzehnten, wie einige Gelehrte es sahen, sondern er existierte bereits kurz nach der Gründung Amerikas. In früheren Zeiten waren die Angelegenheiten des Tiefen Staates vielleicht nicht so organisiert und mächtig wie heute, aber er war schon lange in Betrieb.

Die Komplexität der Macht des tiefen Staates ist heute auf den verbesserten und fortgeschrittenen Stand von Wissenschaft und Technik zurückzuführen.

Das ändert jedoch nichts an der Tatsache, dass der tiefe Staat schon vor langer Zeit Intrigen geschmiedet hat.

Alles begann mit einer Gruppe von Individuen, die die Welt kontrollieren und eine neue Weltordnung erreichen wollten, bevor sie sich zu einer geheimen Elite formierte. Natürlich sind die Mitglieder, die den tiefen Staat gegründet haben, nicht mehr am Leben. Aber im Laufe der Jahre waren die Führungsstäbe und die Führung der geheimen Gruppe von Generation zu Generation weitergegeben worden.

Vor diesem Hintergrund ist es richtig, festzustellen, dass die Mitglieder der geheimen Elite im tiefen Staat nicht die wichtigste Priorität in der Gruppe sind. Vielmehr ist es die Mission der Gruppe, die die größte Bedeutung hat.

Die Aufgabenstellung der Gruppe hatte Hunderte von Jahren überdauert. Wie viele Jahre es auch immer dauern mag, der tiefe Staat ist entschlossen, seine Mission zu erfüllen, nämlich eine neue Weltordnung zu erreichen.

Vielleicht ist der Präsident der Vereinigten Staaten, der sich am deutlichsten zur Präsenz eines tiefen Staates geäußert hatte, Präsident Donald Trump.

Seit seiner Amtszeit als Präsident hatte er sich gegen den tiefen Staat und dessen Funktionsweise ausgesprochen. Trumps Vorstellung von einem tiefen Staat ist etwas einzigartig, aber nicht ganz anders als das, was andere Wissenschaftler über die mächtige Organisation gefolgert haben.

Trump betrachtet den tiefen Staat als eine abgeschottete Gruppe von Bürokraten und Berufsbeamten, die sich darauf konzentrieren, die Trump-Agenda zu sabotieren. Der tiefe Staat wird als eine Verschwörung gegen Donald Trump angesehen.

Dies liegt daran, dass er laut einem Memo eines Mitarbeiters des Nationalen Sicherheitsrates "eine existenzielle Bedrohung für die kulturellen marxistischen Meme darstellt, die die vorherrschende kulturelle Erzählung dominieren".

Mehrere Kritikpunkte wurden gegen Trumps Beschuldigung einiger ausgewählter Personen als der tiefe Staat vorgebracht.

Aber im eigentlichen Sinne hat Präsident Trump mit seiner Sicht des tiefen Staates nicht ganz Recht. Er hatte den tiefen Staat hauptsächlich auf Bürokraten und Laufbahnbeamte des Bundes beschränkt, aber der tiefe Staat ist viel mehr als das.

Es ist eine Tatsache, dass keine Organisation, ob offen oder geheim, die Angelegenheiten eines Staates kontrollieren oder die Polizei beeinflussen kann, ohne in der Regierung zu sein. Aus diesem Grund hatte der tiefe Staat solide Verbindungen und Beziehungen in der Regierung der Welt einschließlich der Vereinigten Staaten.

Die Bundesbediensteten sind Marionetten, die von den Spitzenmitgliedern im Geheimstaat zur Erreichung ihrer Ziele benutzt werden. Aber was Präsident Trump gesehen hatte, ist ein Stück des Kuchens und nicht das ganze Bild.

Natürlich gehören die Laufbahnbeamten zu den oben genannten Personen, die für den tiefen Staat arbeiten, ohne davon Kenntnis zu haben. Sie führen lediglich Befehle aus, die unter dem Deckmantel der Geheimhaltung erteilt werden.

Während der tiefe Staat an die Abneigung einiger Mitglieder gegen Trump appellierte, appellierten sie an das Dienst- und Pflichtgefühl einiger Leute.

Während diese Menschen also Aktivitäten durchführen, um die Regierung zu frustrieren, haben sie den persönlichen Glauben und die Überzeugung, dass sie dies aus ihrem eigenen freien Willen tun. Stattdessen wurden sie vom tiefen Staat manipuliert und tanzen nach der Melodie, die von dieser mächtigen Organisation gespielt wird.

Seit ihrer Gründung konzentrieren sich die tiefen staatlichen Verbindungen auf zwei integrale Aspekte der Gesellschaft - die Regierung (die oben eingerichtet wurde) und die Medien.

Die Medien dienen als Bindeglied zwischen der Regierung und dem Volk. Sie versorgen die Massen mit den neuesten Ereignissen in der Regierung und in anderen Bereichen. Der tiefe Staat versteht, dass "das Individuum, das die Medien kontrolliert, die allgemeine Information, die das Volk erhält, und automatisch auch das Wissen des Volkes kontrolliert".

Als solcher hatte der tiefe Staat seine Fangarme in den Medien fest verankert. Von Zeitungen und Fernsehsendern bis hin zu Radiosendern und sogar willkürlichen Online-Blogs hat der tiefe Staat in allen Medienhäusern Marionetten, die für sie arbeiten.

Welche Rolle die Medien gespielt haben und spielen, um die Agenda des tiefen Staates zu erfüllen, wird in anderen Kapiteln zu sehen sein. Was ist diese Agenda? Eine neue Weltordnung.

Kapitel 3 Die NWO

Die NWO ist eine globale Tyrannei, in der eine kleine Elite über einem brutalen Polizei- und Armee-Regime steht und Menschen versklavt werden, ähnlich wie in dem Film "Die Tribute von Panem".

Wenn Sie "Die Tribute von Panem" gesehen oder gelesen haben, war das, was Ihnen wahrscheinlich durch den Kopf ging, Mitleid mit den versklavten Menschen und Furcht vor dem Ausgang der Spiele. Aber nach einiger Zeit vergisst man das und wird lockerer.

Schließlich war es nur ein fiktiver Film und ein fiktives Buch, und realistisch betrachtet wurde kein Schaden angerichtet. Aber wissen Sie, dass die schrecklichen Erlebnisse, die es im Film gab, auch im wirklichen Leben passieren könnten?

In einer neuen Welt, in der eine kleine Elite die Kontrolle über die Weltressourcen hätte und die gesamte Menschheit mit Gewalt beherrschen würde. Diese Welt ist das, was irgendeine Elite zu erschaffen versucht und seit jeher versucht, dies zu erreichen. Diese Welt ist die Neue Weltordnung.

Es hat mehrere Verschwörungstheorien über die Neue Weltordnung gegeben. Das ähnliche Merkmal in allen verschiedenen Theorien über die N. W. O. ist jedoch, dass die Neue Weltordnung eine totalitäre Weltregierung sein wird, die alle souveränen Regierungen der Nationalstaaten ersetzen wird.

Alle anderen Länder würden praktisch ihre Macht und Souveränität verlieren, und die letztendliche Macht und Entscheidungsfindung wird im Zentrum angesiedelt sein. Die Neue Weltordnung wird auch einige Merkmale aufweisen, wie eine globale Währung, eine globale Religion und Anarchie.

Von der Art und Weise, wie die Neue Weltordnung dargestellt worden ist, und von den Ereignissen, die in dieser "neuen Welt" geschehen würden, ist eines sicher: Man will nicht dabei sein, wenn es geschieht.

Die Neue Weltordnung wird eine Reihe von gewalttätigen Ereignissen und Verbrechen gegen die Menschlichkeit einleiten, die niemand erleben will. Die Menschen werden mit roher Gewalt regiert werden, und Personen, die als Feinde der Regierung gekennzeichnet sind, würden gewaltsam zur Strecke gebracht werden.

Was mehreren Theoretikern nicht gelungen ist, ist die Frage zu beantworten, wer oder welche Gruppe von Menschen die Neue Weltordnung herbeiführen würde. Obwohl Christen, die die Bibel heranziehen, voraussagen, dass ein Antichrist nach der Entrückung kommen würde, um eine neue Weltordnung und Armageddon einzuläuten.

Doch selbst wenn wir uns an die biblische Version davon halten, wer die Neue Weltordnung herbeiführen würde, ist das Entscheidende, dass der Antichrist nicht einfach allein die Regierung übernehmen kann. Er hätte einige starke Verbündete, die ihm die Bühne bereiten und ihm den Weg zum Sitz der Macht ebnen würden. Diese Gruppe von Menschen ist die kleine Elite.

Es würde Sie interessieren, zu wissen, dass diese kleine Elite schon vor langer Zeit Schritte unternommen hat, um eine neue Weltordnung zu erreichen. Das Konzept einer neuen Weltordnung hat nicht erst heute begonnen.

Die Überzeugung, dass es eine geheimnisvolle, aber höchst mächtige und einflussreiche Elite gibt, die sich verschworen hat, die Welt durch eine neue Ordnung zu regieren und zu kontrollieren, bestand schon seit langem.

Diese alte Verschwörung gilt als so mächtig, dass sie bekanntlich über globale Finanztrends entscheidet und politische Ereignisse von nationalen/internationalen Krisen bis hin zu überraschenden Friedensgesprächen orchestriert.

Im letzten Kapitel wurde der tiefe Staat als ein mächtiges Netzwerk von Menschen in der Regierung und in den Massenmedien entlarvt, die alle zusammen an einem gemeinsamen Ziel arbeiten.

Während am tiefen Staat Marionettenmitglieder beteiligt sind, werden die Fäden von der kleinen Elite gezogen. Sie entwerfen und schmieden die Pläne, während ihre Marionettenmitglieder und Handlanger ihren "schmutzigen Job" für sie erledigen.

Wer aber ist die kleine Elite? Die kleine Elite ist einfach eine enge Gruppe mächtiger, einflussreicher und wohlhabender Individuen in der Gesellschaft, die sich selbst für besser als andere halten und versuchen, eine Welt zu schaffen, in der sie und ihre Artgenossen dominieren würden.

Das Hauptziel dieser Gruppe ist es, die Welt zu beherrschen und andere Menschen zu zwingen, ihren Willen zu tun. Sie wollen eine Welt schaffen, in der die Regeln von ihnen selbst bestimmt werden, in der sie über der Rechtsstaatlichkeit stehen und über die Freiheit der Menschen entscheiden. Da sie dies in der jetzigen Konstellation nicht mit Verstand und Stärke erreichen können, versuchen sie, die Welt zu reformieren und eine neue Weltordnung zu schaffen.

So mächtig und einflussreich die kleine Elite auch ist, die Mitglieder dieser Geheimgesellschaft waren in der Lage, ihre Identität und ihren Modus Operandi geheim zu halten.

Die geheime Gruppe ist eine geschlossene Gesellschaft mit einer begrenzten Anzahl von Mitgliedern, die jedoch wichtige und einflussreiche Persönlichkeiten in der Gesellschaft sind. Obwohl einige prominente Persönlichkeiten und Einzelpersonen als Mitglieder dieser Gesellschaft angeprangert wurden, gibt es keine konkreten Beweise, die sie mit einer solchen Gruppe in Verbindung bringen.

Im Laufe der Jahre wurden einige Gesellschaften wie die Illuminaten und die Freimaurer zur Elite gezählt, weil ihre Mission der Verwirklichung einer neuen Weltordnung ähnelt. Obwohl diese Gruppen direkte Verbindungen zur Elite haben könnten, lässt sich kurz und bündig sagen, dass die kleine Elite sogar mächtiger sein könnte als diese Geheimgesellschaften.

Der Grund dafür ist ganz einfach. Die Mitglieder haben einen Schweigeeid und einen Kodex geschworen, nach dem sie bis zu ihrem Tod leben und sich daran halten müssen. Die Hauptstrafe für das Brechen dieses Geheimcodes ist der Tod.

Deshalb würde ein Mitglied der kleinen Elite oder Marionette lieber eingesperrt werden, als zuzugeben, dass es eine solche Gruppe gibt.

Ist Ihnen der Trend aufgefallen, dass einige Personen, wenn sie beschuldigt werden, zur kleinen Elite zu gehören, dies schnell als Hörensagen, Propaganda und Verschwörungstheorie abtun?

Die kleine Elite existiert jedoch, und jeden Tag werden ihre Kräfte stärker. Tag für Tag schmieden sie Pläne und beeinflussen eine Politik, die ihnen bei der Erreichung ihres Ziels - einer neuen Weltordnung - helfen würde.

Doch so mächtig die kleine Elite auch ist, sie ist weder unbesiegbar noch immun gegen Versagen. Obwohl einige Theorien der Gruppe spirituelle Eigenschaften zuschreiben, sind die wichtigsten Werkzeuge und Strategien, die sie bei der Durchführung ihrer Missionen einsetzen, physischer und psychologischer Natur.

Obwohl die kleine Elite über einige Praktiken und Riten verfügt, sind sie nur wegen des Geldes, der Ressourcen, der Organisationen und der Menschen, die sie kontrollieren, sehr mächtig.

Entfernt man all diese Faktoren, dann wäre die kleine Elite nur eine weitere Sekte.

In den folgenden Kapiteln dieses Buches würden Sie sehen, wie die Taktiken und Methoden, die die kleine Elite zur Unterstützung ihrer Mission anwendet.

Wie wird die kleine Elite eine neue Weltordnung erreichen?

Wie alle anderen Organisationen hat auch die kleine Elite einige festgelegte Regeln, Ziele und Vorgaben, die über viele Generationen hinweg bewahrt wurden.

Das langfristige Ziel ist es, eine neue Weltordnung zu erreichen. Die kleine Elite hat jedoch auch mehrere kurzfristige Ziele, die dazu beitragen sollten, das langfristige Ziel zu erreichen.

Die kurzfristigen Ziele sind vorübergehend und können sich je nach aktuellen Trends und unvorhergesehenen Umständen ändern. Die Strategien und Pläne der kleinen Elite zur Erreichung einer neuen Weltordnung sind an drei Hauptsäulen gebunden: Die Regierung, die Medien und das Sicherheitsteam.

Die kleine Elite hat tiefe Verbindungen in der Regierung, die bis zur höchsten Ebene der Sicherheits-Freigabe gehen können. Sie haben viele Beamte als Marionetten und auch mehrere Angestellte, die ihnen aus der Hand fressen.

Sie verstehen einfach, dass es Chaos im Überfluss geben muss, um die Welt zu vernichten und eine neue zu schaffen. Die einzige Instanz, die ein solch großspuriges Chaos schaffen und es sogar legalisieren könnte, ist die Regierung.

Durch ihre Verbündeten in den Bundes- und Staatseinrichtungen beeinflusst oder verzerrt die kleine Elite die Regierungspolitik und schafft Wege für das Chaos.

Wenn beispielsweise der Eindruck entsteht, dass eine Regierung gegen ihre Interessen arbeitet, graben sie Schmutz aus dem Leben der höchsten Regierungsbeamten aus und geben ihn an die Öffentlichkeit. Dies würde zu einer Art von Verwirrung im Staatsdienst führen, wodurch diese Personen den Fokus verlieren und ihre Politik revidieren würden.

Sie fragen sich vielleicht, warum die kleine Elite nicht einfach einen Präsidenten aufstellen, gewinnen und Chaos verursachen kann. Aber so funktioniert das nicht, denn auch ein Präsident ist begrenzt und unterliegt den Gesetzen des Landes, das über allen anderen steht.

Es ist dieses Gesetz, das die kleine Elite in der Neuen Weltordnung umzuschreiben versucht.

Obwohl es nur wenige Fälle gibt, in denen die kleine Elite Kandidaten bei den Präsidentschaftswahlen unterstützt hat und die Kandidaten tatsächlich gewonnen haben. Diese Kandidaten konnten jedoch aufgrund der oben erwähnten innerstaatlichen und internationalen Gesetze die Aufträge der kleinen Elite nicht effektiv erfüllen.

In den meisten Fällen zieht es die kleine Elite jedoch vor, im Hintergrund zu arbeiten, wo sie leicht operieren kann, ohne dass ihre Identität aufgedeckt wird. Außerdem befürchten sie, dass ein Präsident zu mächtig und zu stark werden könnte, um von ihnen kontrolliert zu werden.

Dies soll jedoch nicht die Tatsache negieren, dass die kleine Elite manchmal Hand in Hand mit den Führern einiger Länder arbeitet. Je nach Kaliber und Persönlichkeit des

Führers versprechen sie eine friedliche Amtszeit, wenn der Führer ihren Forderungen nachgibt. Zuvor hätten sie jedoch einen Background-Check des Führers durchgeführt und seine Stärken und Schwächen eingeholt.

Wann immer die Regierung Hand in Hand mit der kleinen Elite arbeitet, wird die Regierung einige verabscheuungswürdige Gewalttätigkeiten ausüben und sich hinter der nationalen Sicherheit und dem Allgemeinwohl verstecken. Dagegen erfüllt die Regierung den Wunsch der kleinen Elite.

Täuschen Sie sich aber nicht, die kleine Elite hat keine Freunde, das Einzige, worum sie sich kümmert, ist ihre Mission und wie sie diese erreichen kann. Sie verfügt über Spitzenkräfte in der Regierung und im öffentlichen Dienst, die bereit sind, ihr Bestes zu geben.

Die kleine Elite weiß nicht nur, wie sie die Regierungspolitik beeinflussen kann, sie will auch kontrollieren, was Sie hören und lesen. Die Masse ist viel mehr als die Elite. Jede Aufklärung und jedes Erwachen aus der Masse kann das Imperium der kleinen Elite innerhalb eines Tages zu Fall bringen.

Deshalb nutzt die kleine Elite die Medien, um die Massen zu manipulieren und zu kontrollieren. Sie haben erkannt, dass die Idee, eine neue Weltordnung zu erreichen, ein kollektives Werk ist und dass die Hilfe der Massen notwendig ist, entweder indem man sie dazu bringt, auf einige Themen zu reagieren, oder indem man sie gefügig macht.

Da sich die Massen im Allgemeinen nicht der neuen Weltordnung anschließen wollten, suchten sie nach anderen Mitteln, um sie zu kontrollieren.

Bei dem heutigen Stand der Dinge besteht eine hohe Wahrscheinlichkeit, dass Ihr Lieblingsfernseh- oder -radiosender für die Elite arbeitet. Die Elite entscheidet, was Sie wissen, wen Sie lieben und wen Sie verachten sollten. Durch Social Engineering sind sie in der Lage, Ihnen verständlich zu machen, warum ihre Agenda gerade jetzt das Beste für die Welt ist.

Wenn die kleine Elite ein Land als Gegner ihrer kurz- oder langfristigen Ziele sieht, muss sie nur dafür sorgen, dass die Medien das Land in einem sehr schlechten Licht darstellen.

Die Medien werden Begründungen dafür liefern, warum das Land angegriffen werden sollte und wie die Existenz des Landes eine große Bedrohung für die nationale Sicherheit darstellt.

Wenn Sie so etwas immer wieder von den Medien hören, werden Sie sich bald fragen, warum Ihre Regierung noch keine Schritte gegen das Land unternommen hat. Das ist die Macht der Medien und indirekt die Macht, die die kleine Elite ausübt.

Ein Bereich schließlich, der sich in den Händen der kleinen Elite stets als williges Werkzeug erwiesen hat, ist der Sicherheitsapparat. Dazu gehören die Polizei, das Heer, die Marine, die Luftwaffe und andere Sicherheitseinrichtungen.

Die kleine Elite ist vor allem daran interessiert, Chaos zu verursachen, das gewöhnlich mit Gewalt einhergeht. Der einzige Regierungsarm, der zur Ausübung von Gewalt legalisiert ist, ist die Abteilung für Sicherheit. Indirekt hatte die kleine Elite die Armee dazu gebracht, "ihre Kriege zu führen".

Die Marines glaubten, dass sie für die Sicherheit des Landes kämpften, vielmehr wurden sie nur dazu benutzt, die Interessen der kleinen Elite zu fördern.

In der Neuen Weltordnung ist dies der Regierungsarm, der effektiver wäre. Das ist bei tyrannischen oder autokratischen Regierungen nicht überraschend. Der Sicherheitsapparat wäre sehr aktiv und würde dazu benutzt, Gewalt zu propagieren und den Menschen zuzufügen, anstatt sich gegen äußere Aggressionen zu wenden.

Das liegt daran, dass es in der neuen Weltordnung keine Aggression von außen geben wird, sondern dass Personen, die sich gegen die Regierung wenden, als Dissidenten betrachtet und als solche behandelt würden.

Da das Ziel in der Neuen Weltordnung die Versklavung durch die kleine Elite ist, würde sie mehrere Widerstände des Volkes hervorrufen. Natürlich ist ein Mensch immer gegen jede Entwicklung, die zum Verlust seiner Freiheit führen könnte.

Er kann nur dann zu Fall gebracht und zum Dienen gezwungen werden, wenn er sieht, dass sein Unterdrücker eine höhere Macht hat als er selbst. Selbst dann würde er weiterhin hart für seine Freiheit kämpfen, bis er die Sinnlosigkeit erkennt und sich an ein Leben in Sklaverei gewöhnt.

Die kleine Elite ist sich bewusst, dass die Menschen der Sklaverei nicht leicht nachgeben werden, und ist bereit, mittels der Sicherheitskräfte rohe Gewalt anzuwenden, um die Menschen in der Neuen Weltordnung in die Knie zu zwingen.

Kapitel 4 Die Manipulatoren

Die Macht der Medien ist eine extrem unterschätzte Kraft, mit der man rechnen muss, sei es in kleineren Gemeinden oder in der ganzen Welt.

Während einige nicht verstehen, wie viel Einfluss die Medien in jeder Gesellschaft haben, haben andere gelernt, ihre Präsenz zu nutzen und ihren Einfluss zu ihren Gunsten zu beeinflussen.

Einer derjenigen, die diese Initiative ergriffen hat ist der "Deep State" innerhalb der Regierung der Vereinigten Staaten.

Vor etwa drei Jahrzehnten enthüllte Noam Chomsky, eine Persönlichkeit des öffentlichen Lebens, die für ihre immensen intellektuellen Fähigkeiten bekannt ist, der Öffentlichkeit den manipulativen Charakter der Medien, die er mit wichtigen Fakten untermauerte.

Im Laufe der Jahre hat sich der Einfluss der Medien aufgrund ihrer größeren Reichweite und der zusätzlichen Durchschlagskraft, die ihnen die neu eingeführten Social-Media-Plattformen durch ihre Präsenz verliehen, verstärkt.

Die Medien wurden zum Hauptumsatzträger in den meisten Ländern, insbesondere für die Elite in den Vereinigten Staaten.

Seit der Einführung der Medien in den frühen 90er Jahren war es weltweit ein ziemlicher Kampf, zu wissen, was man glauben soll und was nicht.

Die Medien verkaufen ihre eigene Wahrheit mit einer ausgewogenen Mischung aus Überzeugung und Kontroverse an die breite Öffentlichkeit, in der Hoffnung, dass diese sie akzeptiert. In den meisten Fällen können die an die Öffentlichkeit verkauften Nachrichten Positives ausstrahlen, in anderen Fällen können sie bis zu einem gewissen Grad wirklich negativ und unwahr sein.

Warum vertrauen die Menschen den Medien? Warum verlassen sie sich auf sie, wenn es um vertrauenswürdige Informationen geht? Die Antworten sind wirklich nicht weit hergeholt. Denn niemand liebt es, bestimmte Ereignisse um ihn herum oder in seiner Nähe zu übersehen.

Das ist einer der Gründe, warum die Medien das einzige Mittel vertrauenswürdiger Informationen sind. Aber das ist seit der Infiltration des Tiefen Staates nicht mehr der Fall.

Die Medien, die früher eine Quelle zuverlässiger Informationen und Nachrichten waren, sind nicht mehr die gleichen, nachdem der Tiefe Staat die Zügel in einer Partnerschaft übernommen hat, die darauf abzielt, die Handlungen der Öffentlichkeit zu manipulieren.

Die Schaffung von Ablenkungsmanövern war eines der wichtigsten Betätigungsfelder der Medien, auf das der Tiefe Staat auf intelligente Weise Einfluss genommen hat. Aber es braucht wirklich eine ganze Menge Energie und Überzeugungskraft, um jeden Einzelnen von etwas abzulenken und auf etwas anderes umzulenken.

Das macht sie zu einer der mächtigsten Waffen, die die Medien leicht aus ihrem Arsenal ziehen können.

Viele Male haben die Medien der Öffentlichkeit das Zuckerbrot so lange hingehalten, bis sie am Ende die Augen vom Spielgeschehen abgewandt hat.

Der Versuch des Tiefen Staates, ihre Aktivitäten vor der Öffentlichkeit verborgen zu halten, ohne Verdacht zu erregen, führte sie zu einer Entscheidung, die nur die Medien ausführen konnten. Eine Entscheidung, die übertriebene Situationen und die Erzeugung falscher Krisen beinhaltet.

Die Stärke des "Deep State" liegt in seiner Fähigkeit, zu bestimmten Zeiten unwahre Szenarien als echt darzustellen, die vielen Bürgern der Vereinigten Staaten Schauer über den Rücken jagen.

Bei anderen Gelegenheiten haben sie aus einer Mücke einen Elefanten gemacht, nur um den Menschen irreführende Hoffnungen und sinnlosen Unsinn zu vermitteln. Offensichtlich wurden die Medien zu ihrer Marionette in diesem Akt, die Bürger dem Willen des Deep State zu beugen.

Das Verständnis dafür, was die Öffentlichkeit will, ist der Elite in der Gesellschaft ohne weiteres bekannt. Das versetzt den Tiefen Staat in die Lage, die Situation auszunutzen, indem er der Öffentlichkeit sagt, was sie hören will; indem er ihnen zeigt, was sie sehen wollen, ohne ihnen das zu geben, was sie tatsächlich wünschen.

Das ist tatsächlich die Realität, und all dies geschieht direkt vor den Augen dieser naiven Menschen, die aus Unwissenheit die Täuschung nicht wahrnehmen konnten. Denn sie wurde von den Medien so überzeugend verpackt, dass niemand durch sie hindurchsehen kann, außer man hat von innen heraus Informationen.

In den letzten Jahren wurden die Medien dazu benutzt, das Gute und das Böse nach den Richtlinien des Tiefen Staates zu porträtieren.

In Anlehnung an das Schachspiel könnte jeder hochrangige Bürokrat als Bauernopfer dargestellt werden, der seine Karriere zum Wohle der Nation aufgegeben hat.

Die weißen Hüte, die vom tiefen Staat entdeckt wurden, wurden unter dem Rampenlicht der Negativität als Unterwanderer des Systems dargestellt.

In den letzten Jahren wurden die Nachrichten strategisch so angelegt, dass sie bei jedem Bürger innerhalb der Vereinigten Staaten ein Schuldgefühl auslösen, indem sie ihn indirekt dazu bringen, die Schuld für Rollen in internen und externen Krisen zu übernehmen. Probleme, die vom Regierungsorgan der Vereinigten Staaten angestiftet wurden, waren so angelegt, dass die Menschen Verantwortung übernahmen. Die rechtmäßigen Pflichten der Regierung wurden so lange formuliert und verdreht, bis es so aussah, als sei es das Volk, das die Regierung im Stich ließ, und nicht umgekehrt.

Die allgemeine Bevölkerung uninformiert zu lassen, indem man sie informiert, ist wahrscheinlich die größte Täuschung der Medien, die vom tiefen Staat mächtig angetrieben wird.

Mit einer Strategie namens "Geben Sie Ihrem Publikum etwas" haben es die Medien geschafft, ihrem Publikum ein heißes Diskussionsthema in Form von Schlagzeilen zu geben, ohne ihnen tatsächlich zu sagen, was eigentlich neu ist.

Dies ließ die Menschen über die jüngsten Ereignisse oder Vorkommnisse im Dunkeln, da sie damit beschäftigt blieben, die so genannten "Nachrichten" zu analysieren und zu hinterfragen.

In früheren Zeiten dienten die Medien als vorherrschendes Sprachrohr der Öffentlichkeit, indem sie ihre Meinung gegen die herrschende Regierungsmacht äußerten, ohne dass sie dafür verantwortlich waren. Heutzutage packen sie es nur noch mit Samtpfoten an, wenn es um Angelegenheiten geht, die die Regierung und ihre Verwaltung betreffen.

Der Deep State sorgt dafür, dass die Medien alle Regierungsgeschäfte in ein positives Licht rücken, was eigentlich nicht der Fall sein sollte. Die geheimen Handlungen des Deep State, die von den Medien aufgedeckt werden sollten, werden nun von denselben Medien geschickt verborgen.

Auch die Social-Media-Plattformen wurden für die Medienwelt geöffnet, um ihre Schlagkraft zu stärken. Dies hätte eine positive Revolution sein sollen, nach der sich die Menschen immer gesehnt haben. Vielmehr wurde sie zu einem Werkzeug in den Händen des Tiefen Staates, da sie nur dessen Zugriff auf die Macht verstärkte.

Wie beobachtet wurde, schuf die immense öffentliche Nutzung dieser sozialen Medienplattformen mehr Raum für größere Manipulationen.

Deep State Elemente in Regierung und Medien

Die Lügen der Mainstream-Medien sind jetzt durchsichtig wie Glas. Es ist nicht länger eine versteckte Tatsache, dass es im Irak keine Massenvernichtungswaffen gab. Wären sie es gewesen, hätte dies wahrscheinlich die Anstiftung zur Gewalt gegen die Iraker bestätigt, die schließlich dazu führte, dass zahlreiche irakische Zivilisten ihr Leben verloren. Zuverlässige Quellen schätzen die Gesamtzahl der irakischen Todesopfer auf 1 Million.

Bis heute wurden keine substanziellen Beweise vorgelegt, um die ungerechtfertigte Vernichtung irakischer Unschuldiger zu rechtfertigen.

Nach einer abgeschlossenen Untersuchung zu diesem Thema kam man zu dem Schluss, dass die Annahmen über das Vorhandensein von Massenvernichtungswaffen aus fragwürdigen Quellen stammten, die keinerlei Hinweise auf die Situation hatten.

Die Behauptungen wiesen in Richtung unbekannter Geheimdienstzitate und animierter Bilder, die von Collin Powell bei den Vereinten Nationen gezeigt wurden. Es war alles eine große ausgeheckte Lüge, für die viele Patrioten starben, während andere dem Schicksal überlassen wurden, das ihnen widerfahren musste.

Im Laufe der Zeit wurde die Lüge zu einem der Attribute, die die Medien in ihr System aufnahmen. Immer wieder fanden sie Wege, die Wahrheit zu begraben, die Identitäten der Schuldigen zu verbergen und sogar Zeit zu finden, eigene irreführende Geschichten zu fabrizieren. Eine davon ist die kuwaitische Schwindelei, als sie behaupteten, die Soldaten im Irak hätten es sich zur Gewohnheit gemacht, Babys aus dem Brutkasten zu werfen. Am Ende war dies nichts weiter als eine Lügengeschichte, denn es stand überall Unwahrheit geschrieben.

Diese ganze Fabrikation hatte dann die volle Unterstützung von Donald Rumsfeld, dem ehemaligen Verteidigungsminister der Vereinigten Staaten von Amerika.

Wie konnten sie dreist über die Präsenz von vorsätzlich hergestellten Massenvernichtungswaffen im Irak lügen? Dämmerte ihnen jemals die Macht, die sie in ihren Händen hielten? War ihnen klar, wie viele Menschenleben mit der lebensgefährlichen Entscheidung, zu lügen, auf dem Spiel standen?

Die Endergebnisse beweisen, dass sie nie den Wert von Menschenleben zu schätzen wussten und nur ihren Eigennutz im Auge hatten.

Sie ließen zu, dass der Tiefe Staat ihre Autorität als Medienmedium ausnutzte, bis sie schließlich selbst zugrunde gingen. Es wird noch deutlicher, dass sie das Wesen ihrer Existenz vergessen haben, nämlich "für die Wahrheit einzustehen". Leider haben sie in letzter Zeit absolut widersprüchliche Schritte unternommen.

Es ist ziemlich schwierig, sich mit den Anschuldigungen, die in Bezug auf die Ukraine erhoben wurden, auseinanderzusetzen. Ja, die Anschuldigungen, die gegen die Ukraine erhoben wurden, waren alle eine Lüge.

Sie hatten die Russen beschuldigt, amerikanische Flugzeuge abgeschossen zu haben, die von Rebellen aus der Ukraine abgeschossen worden waren. Grundlose Anschuldigungen auf grundlose Anschuldigungen. Sie stellten die Russen als schuldig hin und machten sie fertig.

Mit gut ausgedachten Lügen fabrizierten sie eine sehr überzeugende Geschichte über Nordkorea. Sie erhob die Nordkoreaner in die Spitzenränge für extreme Bedrohungen der Weltgemeinschaft.

Dies war eine grausame Anschuldigung, denn es war klar, dass die Nation zu diesem Zeitpunkt nicht in der Lage war, ihre wachsende Bevölkerung zu ernähren.

Für ein Land, das man hinsichtlich des militärischen Potenzials oder des technologischen Fortschritts nicht in einem Atemzug mit den Vereinigten Staaten von Amerika nennen konnte, war dies in der Tat schrecklich.

All diese Lügen und Falschdarstellungen, die der Welt über ihre Medienplattformen präsentiert wurden, haben die Macht des Deep States, der die Vereinigten Staaten von Amerika hinter den Kulissen kontrolliert, nur noch verstärkt. Da sich die Präsidenten und die Medien nun als Marionetten in den Händen ihres Herrn - des Deep State - befinden, ist es keine Überraschung, dass die Manipulation des Volkes mit großer Leichtigkeit durchgeführt wurde.

Sogar heute noch geschehen ähnliche Handlungen in der Gesellschaft, da die nachrückenden Medienplattformen nicht anders sind.

Sie haben den Stab der Unehrlichkeit ihrer Vorgänger übernommen und zielen immer noch darauf ab, die abscheulichen Pläne des Tiefen Staates zu verwirklichen.

Nichts hat sich geändert, es ist immer noch das gleiche System, die gleichen Reporter, die gleichen Moderatoren und vor allem die gleiche Speerspitze - der Tiefe Staat.

Man kann leicht zu dem Schluss kommen, dass CNN, MS-NBC und NYT und der Rest der Mainstream-Medien im Bett mit den korrupten Elementen des militärisch-industriellen Komplexes, die absichtlich lügen, um ihre Agenda voranzubringen, Fakes News sind.

Wenn Sie ein Medienunternehmen sehen, sehen Sie einfach nur einen Hauptakteur im großen Spiel der Täuschung und Manipulation, das vom Deep State angeführt wird.

In jüngster Zeit wurden Medienplattformen von denen, die noch ihre Stimme erhoben und sich entschieden haben, das Wort zu ergreifen, als "absolut verachtenswert" und "absolut unehrlich" bezeichnet.

Die Medien wurden in hohem Maße als irreführende Darstellung moralischer Werte unter die Lupe genommen, da sie dafür bekannt geworden waren, immer falsche Nachrichten zu verbreiten. Deshalb bezeichneten sie die Medien als "Volksfeind", ohne sich entschuldigen zu müssen. Die Medien wurden vielfach für die schlechte Planung und Vorhersehbarkeit des Coronavirus in den Vereinigten Staaten verantwortlich gemacht. Die Medien hatten behauptet, die Menschen seien auf die unvermeidliche Ankunft des Kampfes vorbereitet gewesen, der die Welt im Sturm eroberte.

Dies war alles eine Lüge, und als das Virus eintraf, erfasste es die ganze Nation unvorbereitet, da sie aufgrund ihrer mangelnden Vorbereitung nicht in der Lage war, es zu bekämpfen.

Dieser irreführende Akt der Medien brachte die Menschen in ein Dilemma, aus dem sie sich mühsam befreien mussten.

Solange die Medien nicht aus dem Schatten des "Deep State" heraustreten und gegen sie statt an ihrer Seite arbeiten können, werden die Vereinigten Staaten von Amerika erst dann die wahre Macht der Freiheit schmecken, die die Medien ihnen vorgaukeln.

Es wäre eine Möglichkeit, eine Plattform zu haben, die ihre Gedanken und Beschwerden gegenüber der Regierung verstärkt und sie an die richtige Stelle lenkt. Es besteht kein Zweifel, dass mit den Medien auf der Seite des Volkes so viel getan werden kann. Aber bis dahin bleibt es ein Tagtraum, mit einer geringen Hoffnung, Wirklichkeit zu werden.

Beeinflusser der Sozialen Medien

Der Einfluss der sozialen Medien in der heutigen Zeit kann nicht genug betont werden. Es handelt sich schlicht und einfach um ein Phänomen, das die Welt im Sturm erobert hat und geblieben ist. Nun sieht es so aus, als hätten die Menschen vor dem Aufkommen der sozialen Medien weder ein Leben gehabt noch sinnvolle Dinge getan.

Soziale Medien hatten fast alles leichter, einfacher und effektiver gemacht. Tatsächlich waren die sozialen Medien über die traditionell bekannten Plattformen der Begegnung mit Menschen und des Online-Chats hinausgegangen. Jetzt starten Unternehmen mehrere Kampagnen in den sozialen Medien, um ihre Marken zu verbessern und viele Menschen zu erreichen.

Es sind jedoch nicht nur Unternehmen, die die Macht der sozialen Medien erkannt haben. Der tiefe Staat sieht in der Medienplattform ein verifizierbares und strategisches Instrument zur Erreichung ihrer Ziele.

Laut einer Social-Media-Statistik im Jahr 2019 gibt es etwa 3,5 Milliarden Menschen in den sozialen Medien, und diese Zahl steigt rapide an. Es gibt also keine Einwände dagegen, dass die Menschen den sozialen Medien sogar näher stehen könnten als ihren Fernsehern, Radios oder sogar Zeitungen.

Alle Informationen, die die Menschen bisher über ihre Fernsehsender und Zeitungen erhalten haben, sind jetzt leicht online zu finden.

Mit den sozialen Medien können Sie mit wenig Aufwand viele Menschen erreichen und Ihre Produkte oder Meinungen in das Auge der Welt bringen. Der tiefe Staat würde es nicht zulassen, dass die Möglichkeiten, die die sozialen Medien bieten, ungenutzt bleiben.

Kurz nach der Einführung der sozialen Medien und dem Anstieg der Nutzerzahlen begann der tiefe Staat, die Plattform zu nutzen, um ihre Botschaft zu verbreiten. Sie nutzen soziale Medien auch, um Fakten zu verzerren, Menschen zu manipulieren und zu beeinflussen.

Es gibt mehrere Social-Media-Strategien, die der tiefe Staat zur Erfüllung seiner Pläne einsetzt. Eine bemerkenswerte ist der Einsatz von Beeinflussern (influencers) der sozialen Medien.

Bei diesen Beeinflussern handelt es sich hauptsächlich um Personen mit einer großen Anhängerschaft in sozialen Medien wie Facebook, Twitter und Instagram.

Es handelt sich um alltägliche Menschen, die im Internet für die eine oder andere Sache sehr bekannt sind. Sie werden als " markierte Beeinflusser " bezeichnet, weil sie als Personen angesehen werden, die ihre Anhänger davon überzeugen oder beeinflussen könnten, ein Produkt zu kaufen oder einen Weg einzuschlagen.

Social-Media-Einflussnehmer verfügen über beträchtliche Macht und Einfluss auf die sozialen Medien. Ihre Worte könnten ein Produkt entweder bekannt machen oder ruinieren.

Die Waffe eines Einflussnehmers der sozialen Medien sind

seine Beiträge und die Menschen, die ihm folgen. Marken haben die Bedeutung dieser Beeinflusser erkannt und nutzen sie stets, um den Absatz ihrer Produkte zu steigern. Der Beeinflusser muss das Produkt gar nicht erst benutzen, nur ein Tweet oder ein Post darüber, und die Marke erfährt einen Verkaufsschub.

Was Sie nicht wissen, ist, dass diese Beeinflusser auch Teil der Agenda der Eliten sind, um eine neue Weltordnung zu erreichen.

Zwar nicht alle, aber fast alle Beeinflusser der sozialen Medien arbeiten direkt oder indirekt für den tiefen Staat. Sie werden dafür bezahlt, Propaganda zu verbreiten, falsche Informationen zu verbreiten oder sogar über ein einfaches Ereignis zu sprechen, mit dem versteckten Ziel, es zu eskalieren.

Da die sozialen Medien einen höheren Prozentsatz junger Menschen haben, hat die Regierung herausgefunden, dass diese jungen Menschen am besten über die Einflussnehmer der sozialen Medien erreicht werden können.

Die Jugendlichen und jungen Erwachsenen stellen die Macht eines jeden Landes dar, und wenn es Ihnen gelingen würde, diese Gruppen zu manipulieren, hätten Sie die Massen erfolgreich geschwächt. Die Einflussnehmer der sozialen Medien diskutieren und interpretieren ihren Anhängern (hauptsächlich jungen Menschen) die Politik in einer Sprache, die sie verstehen würden.

Die Beeinflusser der sozialen Medien kommunizieren mit ihrem jungen Publikum in einer Art und Weise, die es mit den Erfahrungen verbinden und in Beziehung setzen würde.

Durch diese Entwicklung wurden zu einem bestimmten Zeitpunkt viele Jugendliche durch das Manipulationsinstrument der Social-Media-Beeinflusser geprägt.

Die Macht der Beeinflusser leitet sich jedoch von ihren Anhängern ab. Wenn ein Beeinflusser etwas online stellt, teilen seine Anhänger diese Beiträge in der Regel mit anderen. Das erzeugt mehr Reputation für den Einflussnehmer und mehr Bewusstsein für den Beitrag, unabhängig davon, ob es sich um ein Produkt oder eine staatlich geförderte Propaganda handelt.

Einflussnehmer in den sozialen Medien könnten eine so hohe Aktivität und einen so hohen Verkehr für ihre Beiträge erzeugen, weil ihre Anhänger sie erhöhen und sie als Autoritäten in ihrem gewählten Bereich betrachten.

Einige Anhänger vertrauen ihnen aus Liebe, Besessenheit oder weil die Beeinflusser ihre Vorbilder sind. Für diese Anhänger ist das, was der Beeinflusser sagt, der Goldstandard, und sie würden es glauben, ohne die Binsenweisheit oder die Wahrhaftigkeit des Postens in Frage zu stellen.

Der Beeinflusser spielt mit all diesen Gründen, um seine Ziele zu erreichen.

Ironischerweise kümmern sich mehrere Einflussnehmer der sozialen Medien nicht um das Wohlergehen ihrer Anhänger. Stattdessen sehen sie sie als Statistiken und Schachfiguren, die sie nach Belieben kontrollieren können.

Es war bekannt, dass Einflussnehmer in sozialen Medien Bewegungen auslösen, die bald zu Trends wurden.

Vom tiefen Staat gesponsert, werden manchmal chaotische Ereignisse hauptsächlich von den Social-Media-Einflussgebern eskaliert.

Indem sie ständig etwas posten oder über eine Sache sprechen, könnten sie bei ihren Anhängern irgendeine Form von Bewusstsein über dieses spezielle Thema wecken.

Zum Beispiel wurden die Proteste nach der Ermordung von George Floyd durch die ständigen Tweets und Beiträge einiger Einflussnehmer der sozialen Medien über das Ereignis populärer.

Manchmal werden Social-Media-Beeinflusser gesponsert, um die Aufmerksamkeit ihrer Anhänger von einem Thema auf ein anderes zu lenken.

Diese Strategie wird in der Regel dann angewandt, wenn in der Bevölkerung ein wachsendes Bewusstsein für ein bestimmtes Thema besteht, das die Interessen des jeweiligen Bundesstaates oder der Regierung beeinträchtigen könnte.

Ihre Lieblingsbeeinflusser aus den sozialen Medien würden online kommen und anfangen, ein anderes Thema in den Trend zu setzen, dann hören die Leute allmählich auf, Fragen zu stellen und lassen sich von dem Trendthema mitreißen.

Während einige Beeinflusser sich voll und ganz bewusst sind, was sie tun und welche Auswirkungen sie haben, sind andere nicht so schuldig.

Sie haben das Gefühl, dass sie ihre Plattform nutzen, um sich für eine Sache zum Wohle aller einzusetzen. Ihr Konto wird jedoch indirekt vom tiefen Staat benutzt, um Menschen zu manipulieren.

Prominente repräsentieren eine große Zahl von Einflussnehmern der sozialen Medien im Internet. Es sind Menschen, die Ruhm und Erfolg in ihrem gewählten Bereich, wie Film, Musik, Wirtschaft und Sport, erlangt haben.

Die Menschen folgen ihren Lieblingsberühmtheiten in den sozialen Medien, um einen Einblick zu bekommen, wie sie ihr Leben leben und was sie täglich tun. Aus diesem Grund haben Prominente die meisten Follower auf Instagram, Twitter, Facebook und anderen Social-Media-Sites. Berühmtheiten werden jedoch nicht aus dem großen Plan der Dinge ausgeschlossen, um eine neue Weltordnung zu erreichen.

Das nächste Kapitel befasst sich mit den Rollen, die Prominente in der Agenda der Neuen Weltordnung spielen.

Prominente auf der Gehaltsliste des tiefen Staates

Die Enthüllung des QAnon über die Anwesenheit angesehener Prominenter in den oberen Rängen des tiefen Staates hat die meisten Menschen überrascht. Das liegt daran, dass Berühmtheiten in der Hierarchie der Anbetung und Verehrung wahrscheinlich nach Gott die nächsten sind.

Obwohl sie meistens im Rampenlicht als beispielhafte Vorbilder für Perfektion dargestellt werden, wusste die allgemeine Bevölkerung tief im Inneren, dass sie ihre Schwächen haben.

Nichtsdestotrotz wollten sie aufgrund bestimmter Leistungen oder Eigenschaften, die sie erreicht hatten oder besaßen, wie einige dieser Berühmtheiten sein.

In Wahrheit ist kein Mensch auf Erden vollkommen, jeder einzelne weist Mängel oder Schwächen auf, die unser Gewand der Vollkommenheit beflecken. Im Laufe der Jahre wurden die Mängel bestimmter Berühmtheiten entweder durch ihre Handlungen in der Öffentlichkeit oder durch eingehende Untersuchungen aufgedeckt und durch geheime Plattformen an die Öffentlichkeit gebracht.

Nachdem ihre Schwächen in der Öffentlichkeit bekannt geworden waren, ging die Liebe zu diesen Prominenten jedoch nie drastisch zurück, da ihre Fans dies nur als schlechte Angewohnheit betrachteten.

Einige Prominente wurden als beständige Raucher, Schürzenjäger und Drogensüchtige entlarvt, dennoch behielten sie die Liebe ihrer großen Fangemeinde.

Was die Fans niemals akzeptieren würden, war der absolute Schock, den sie bekamen, als diese Berühmtheiten innerhalb des Deep State als Geldwäscher und "Pädophile" gebrandmarkt wurden.

Warum in aller Welt würde jemand die Unschuld eines Kindes zu seinem eigenen sexuellen Vorteil ausnutzen? Dies ist in der Tat ein Rätsel, das es zu entschlüsseln gilt.

Hollywood ist weltberühmt als das Herz der amerikanischen Unterhaltungsindustrie mit seinen Fangarmen, die sich rund um den Globus ausbreiten - bis in jeden Winkel.

Die Entdeckung von Prominenten innerhalb des Deep State und ihre geheimnisvollen Aktivitäten hinter den Kulissen zeigten, wie viel Pädophilie das System aufgesogen hatte.

Daraus lässt sich leicht schließen, dass die größte Krise in Hollywood die Pädophilie ist. Die von QAnons gemachten Enthüllungen waren nur der Augenöffner für ein zugrunde-liegendes Problem.

Corey Feldman war ein Opfer des pädophilen Verbrechens, und nach dem Tod von Corey Haim, der in seiner Kindheit ebenfalls sexuell missbraucht wurde, ergriff er endlich das Wort.

Feldman enthüllte das verborgene Geheimnis der Präsenz der Pädophilie in Hollywood, das auch die enorme Rolle des "Deep State" bei der Umsetzung dieses Prozesses enthüllte.

Er behauptete, die Präsenz von Pädophilen in der Branche habe in den letzten Jahren nicht erst begonnen, da sie in der Vergangenheit eine versteckte Erscheinung gewesen sei. Er erklärte ferner, dass die Erinnerungen, die Haim an seine früheren Vergewaltigungen und Misshandlungen hatte, zu seinem langen Kampf mit Drogen und schließlich zu seinem Tod führten.

Hier ist eine Fallstudie. Corey Feldman enthüllte, dass die brennendste Situation in Hollywood die Präsenz von Pädophilen in dem vom Deep State orchestrierten System ist.

Feldman und Haim wurden als Jugendliche Opfer der erwachsenen Schänder, die ihre kindliche Unschuld ausnutzten und sie mit Erwachsenenschuld befleckten.

Sie waren erwachsenen und illegalen Machenschaften ausgesetzt, die von der Drogenabhängigkeit bis zum sexuellen Missbrauch durch diejenigen reichten, die sie als Branchenälteste bezeichneten.

Laut Corey Feldman wurde Kindern in der Branche sexueller Missbrauch als ein Muss dargestellt, um auf den Höhepunkt ihrer Karriere zu gelangen. Er ging dann dazu über, den Schauspieler Jon Grissom, der eine Hauptrolle in dem Film License to Drive spielte, als einen derjenigen zu nennen, die konsequent seine kindliche Unschuld missbrauchten.

Außerdem war Feldman bereits in zartem Alter sexuell aktiv, kannte sich mit gesundheitsschädigenden Drogen wie Kokain aus und war bereits süchtig nach Quaaludes. Dies ist die Art von schädlichen Auswirkungen, die die Präsenz des tiefen Staates auf Hollywood hat.

Feldman war auch ein Opfer von Kindesmissbrauch durch andere namhafte Persönlichkeiten wie Alphy Hoofman und einige andere, die eine starke Verbindung zu Hollywood hatten.

Offensichtlich wurde er zu einem Fall, bei dem sich die Spitzenkräfte der Branche abwechselten, um die selbstvergessenen und wehrlosen Jugendlichen auszunutzen.

Andere Kinderschauspieler waren ebenfalls Opfer gewesen, aber sie hatten Angst, ihre Stimme zu erheben, bis Feldman sich bemühte, diese Täter zu entlarven.

Nachdem Feldman diese große Enthüllung gemacht hatte, die den tiefen Staat erschütterte und einen großen Teil ihrer Aktivitäten der Öffentlichkeit preisgab, kamen andere, um seine Worte zu bestätigen.

Schauspieler wie Terry Crews, James Van Der Beek, Reese Witherspoon, Jennifer Lawrence und Molly Ringwald kamen heraus, um zu erzählen, wie sie in ihrer Jugend belästigt, schikaniert und sexuell ausgebeutet worden waren.

Die Schauspielerin Reese Witherspoon enthüllte, dass sie im Alter von 16 Jahren von einem Filmregisseur sexuell missbraucht wurde, während Terry Crews enthüllte, dass er von einflussreichen Männern in Hollywood sexuell belästigt wurde. Darüber hinaus gab Molly Ringwald in einem Artikel für The New Yorker zu, wie ein um die 50 Jahre altes Crew-Mitglied sie im Alter von 13 Jahren mit einem Ständer in die Enge trieb.

Sie fügte auch hinzu, dass ein Jahr später ein bereits verheirateter Filmregisseur seine Zunge in ihren Mund steckte, als sie am Set war.

Dies sind die wenigen, die sich mutig für die von Feldman geäußerte Wahrheit aussprechen konnten, so dass viele immer noch zu demoralisiert sind, um offen über ihre Vergangenheit zu sprechen.

Elijah Wood, der die beliebte Figur des Frodo Beutlin in der Serie Der Herr der Ringe spielte, fügte dem Thema auch seine Stimme hinzu.

Der Schauspieler beschuldigte Hollywood in einem Interview mit der Sunday Times eines scheinbar nicht enden wollenden pädophilen Dilemmas. Er erklärte, dass es im Innersten Hollywoods eine Reihe menschlicher Nattern gebe, die Freude daran hätten, die Unschuld von Kindern in der Industrie auszubeuten.

Wood hatte behauptet, dass in Hollywood wiederholt etwas Großes und Negatives vorkomme, angeführt von Menschen mit Einfluss innerhalb der Industrie, die sich später als der "Tiefe Staat" herausstellten.

Es war alles systematisch. Er wies mit Sicherheit darauf hin, dass diese "menschlichen Nattern", wie er sie genannt hatte, nur die egoistischen Interessen befriedigen wollten, die ihnen am Herzen lagen, und sonst nichts.

Darüber hinaus drückte Wood seinen Schmerz über die Vernachlässigung und Hilflosigkeit des Opfers aus, das zuvor die bitteren Gefühle dieses schrecklichen Aktes der Schändung durch Pädophile erfahren hatte.

Er räumte ein, dass den Opfern nie Plattformen geboten wurden, um dieses Übel auszusprechen und möglicherweise die Übeltäter zu entlarven, was zu vielen Todesfällen in Stille und Depression führte.

Während andere Opfer der Pädophilie an psychischen Störungen leiden, die durch ihre heimgesuchte Vergangenheit ausgelöst werden. Abschließend hatte er erklärt, dass diese Pädophilen, die unschuldige Kinder als leichte Beute ansehen, dem Wachstum Hollywoods und der Welt im Allgemeinen schaden.

Eine der wenigen Personen, die wegen gemeldeter Fälle von Pädophilie öffentlich angeklagt wurden, ist der milliardenschwere Investor Jeffery Epstein, der sich zu bestimmten Zeiten nicht geschämt hat, seine Verbrechen zuzugeben.

Er hatte einmal, nachdem er einen Freispruch erhalten hatte, gesagt, dass er kein Sexualstraftäter sei. Er behauptete, er sei nur ein Sexualübeltäter, und bestand darauf, dass dies die dünne Linie sei, die einen Mörder von einem Brötchendieb unterscheide.

Im Jahr 2007 wurde vom FBI eine 53-seitige Anklageschrift gegen Jeffery Epstein vorbereitet, die Behauptungen enthielt, die auf die Vergehen des Tycoons hinwiesen. Es wurde erklärt, dass Epstein von der Anlage seines Herrenhauses in Palm Beach, Florida, aus eine Art sexuelles Pyramidensystem betrieben habe.

Es wurde auch betont, dass dieser Ort sein Versteck für Belästigung und Missbrauch junger Damen im Alter von 14 bis 20 Jahren sei.

Um es noch überraschender zu machen, zahlte er für das Recruitment dieser jungen Leute. Es wurde herausgefunden, dass mehr als 40 Mädchen im Teenageralter von dem Magnaten sexuell belästigt worden waren.

Es handelte sich um substanzielle Fälle, die nicht einfach aus dem Hut gezogen werden konnten, daher war dies eine solide Aussage, die schließlich zu Epsteins lebenslanger Haft führen sollte.

Es gab stichhaltige Beweise, die auf seine Verbrechen und Missbrauchsdelikte hinwiesen, angefangen von den Nacktbildern minderjähriger Damen, die in seiner Villa gefunden wurden, bis hin zu einer Erklärung von Sarah Ransome zu Epsteins vielen Opfern.

Sie hatte erklärt, sie habe einmal versucht, von seiner Insel zu fliehen, als sie die Misshandlungen nicht mehr ertragen konnte, nur damit sie von Epstein und seinem Suchtrupp gefangen genommen wurde. Epstein sprach stolz über sein offenkundiges Verbrechen, er betrachtete sie als Witz und Wagnis, das ausgeführt werden müsse.

Im Jahr 2008 erhielt Epstein lediglich eine 18-monatige Haftstrafe, von der er nur 13 Monate absaß. Ja, er verbrachte nur 13 Monate im Gefängnis mit der Option, das Gefängnis an 6 Tagen pro Woche für 16 Stunden zu verlassen, obwohl er eigentlich lebenslang hätte inhaftiert werden sollen, ohne einen Blick ins Sonnenlicht zu werfen.

Dies zeigt nur, wie sehr die Vereinigten Staaten von Amerika über die Jahre ein korruptes System aufgebaut haben.

Ein System, auf das der "Deep State" in der Unterhaltungsindustrie bequemerweise Druck ausgeübt hat. Denn das

System begünstigt die Berühmten, die Prominenten, die Reichen und andere, die über eine Mischung aus Einfluss und Wohlstand verfügen.

Daraus ergibt sich das Bild: "Wenn man ein Star ist, kann man alles tun, ohne sich zurückzuhalten.

Daher kann jede abscheuliche Handlung von Berühmtheiten, die dem Tiefen Staat angehören, leicht verheimlicht werden, und in Fällen, in denen es zufällig zu einer Entlarvung kommt, könnten sie sich leicht aus der Situation befreien. Dies hat zu den aufkeimenden Fällen von Pädophilie innerhalb der Hollywood-Gemeinde geführt.

Internet-Agenten

Im Laufe der Jahre ist die Werbebranche sprunghaft gewachsen, da sie jährlich Milliardenbeträge in die Werbung für Markenunterwäsche und -kosmetika pumpt.

Man kann leicht sagen, dass es wahre Naivität ist, anzunehmen, dass die Regierungsorgane und andere interessenorientierte Organisationen es der allgemeinen Bevölkerung erlauben, im Internet mit Ideen zu handeln, ohne irgendeine Art von Einfluss auszuüben.

Es wird jedoch im Gegenteil als gesunder Menschenverstand angesehen, wenn man zu dem Schluss kommt, dass etablierte Berufsorganisationen einen enormen Einfluss auf die öffentliche Argumentation und die Vorstellungen im Internet ausüben.

Wie denken die Menschen? Wie sehen die Menschen Situationen? Wie beurteilen sie? sind alle massiv von den Leitlinien dessen beeinflusst, was sie über das Internet sehen oder hören.

In letzter Zeit sind Internet-Agenten, Shills, bezahlte Schreiberlinge, Regierungsautoren zu einem weltweit anerkannten Phänomen geworden, über das aus allen Foren, Messageboards, Imageboards usw. berichtet wird.

Neben der weltweiten Erfahrung und dem gesunden Menschenverstand wurde dies bereits durch offizielle Dokumentationen bewiesen, die dank Edward Snowden leicht zugänglich gemacht wurden.

Dank der Bemühungen von Edward Snowden, einem amerikanischen Whistleblower, haben wir nun stichhaltige Beweise, die mit dem Finger auf die bezahlten Trolle des Führungsgremiums zeigen, weil sie "psychologiebasierte Beeinflussungstechniken" auf sozialen Medienplattformen wie Facebook, Twitter, Instagram, YouTube und einigen anderen, um nur einige zu nennen, anwenden.

Das durchgesickerte Dokument, das Snowden in die Welt setzte, enthüllte, dass Agenten, die hinter den Kulissen vom Deep State kontrolliert werden, Diensteverweigerungsangriffe (DDOS-Attacken) durchführten und soziale Medienplattformen mit leicht verdeckter Öffentlichkeitsarbeit überfluteten.

Es zeigte auch, dass sie bewusst versucht haben, die allgemeine Online-Diskussion zu verzerren. Er warnte davor, dass die Öffentlichkeit, wenn sie nicht für das Richtige einsteht und sich gegen diese destruktiven Handlungen wendet, sich nur noch weiter verschlimmern wird.

Edward Snowden enthüllte die Joint Threat Research Intelligence Group (JTRIG), eine technische Abteilung innerhalb des Government Communications Headquarters (GCHQ). Diese designierte technische Abteilung ist an einigen sehr umstrittenen Online-Bewegungen beteiligt.

Wie Snowden enthüllte, ist die Abteilung in Täuschungsmanöver verwickelt, wie die Verwendung unwiderstehlicher sexueller Köder, die so gestaltet sind, dass sie ihre Beute vernichten, die Einleitung von Angriffen zur Dienstverweigerung, um Internet-Chat-Rooms zu schließen, das Auferlegen verdeckter Öffentlichkeit (shadow banning) auf sozialen Gruppierungen und hauptsächlich die Verzerrung von Online-Diskussionen.

Das JTRIG, wie es von Snowden enthüllt wurde, dreht sich um psychologiebasierte Einflussverfahren, bei denen es sich um Strategien und Analysen im Bereich der Sozialpsychologie handelt. Damit soll der von ihnen angewandte soziale Einfluss verstärkt werden:

- Psychologisches Profiling
- Vertrauen und Misstrauen
- Gehorsam
- Zwischenmenschliche Beziehungen
- Konformität
- Einstellungen
- Überzeugende Kommunikation
- Soziale Kognition (einschließlich sozialer Zuschreibung und Wahrnehmung)

Darüber hinaus lassen sich sozialpsychologische Konzepte leicht im Marketing und in der Werbung anwenden. Daher zielten die Agenten der Leitungsorgane darauf ab, den Verstand ihrer Zielgruppe zu manipulieren.

JTRIG behauptet, die Technik nur zur Verfolgung der so genannten Bösewichte einzusetzen. Da seine Absicht darauf abzielt, Erkenntnisse für rechtliche Schlussfolgerungen beizutragen, verfolgt es einheimische extremistische Gruppen, um Kriminelle und Hacker-Aktivisten abzuschrecken und abzublocken.

Alle Aktionen von JTRIG werden unter Einsatz von Cybertechnologie durchgeführt, zu den Methoden, die JTRIG bei ihrer bisherigen Tätigkeit angewandt hat, gehören:

Konsistentes Hochladen von Videos auf YouTube mit einflussreicher Kommunikation (um zu diskreditieren, Misstrauen zu verstärken, abzuschrecken, abzuschrecken, zu überfallen oder zu stören).

Einrichtung von Facebook-Gruppen, Blogs, Foren und Twitter-Konten, die Dialoge zu verschiedenen Themen unterstützen und verfolgen (um zu diskreditieren, Misstrauen zu verstärken, abzuschrecken, abzuschrecken, zu überfallen oder zu stören)

Einrichtung von Online-Spitznamen oder -Identitäten, die die Kommunikation oder Nachrichten in YouTube-Videos, Blogs, Foren und Facebook-Gruppen fördern.

Etablierung von mehr Online-Spitznamen oder -Identitäten, die andere Identitäten fördern.

Bereitstellung von Online-Hilfsmitteln wie Magazinen und Büchern, die irreführende Informationen enthalten (um zu diskreditieren, Misstrauen zu verstärken, abzuschrecken, abzuschrecken, zu überfallen oder zu stören).

Gewährung von Online-Zugang zu pornografischem Material (um zu stören).

Zustellung von Sofortnachrichten an bestimmte Personen, in denen ihnen Anweisungen für den Zugang zu den pornografischem Websites erteilt werden.

Einrichtung von Hoax-Tausch-Websites, die Kunden ihres Geldes berauben und ihnen entwertete oder gefälschte Produkte schicken können (um sie zurückzuweisen, zu stören, zu entwürdigen, zu überfallen, zu täuschen, abzuschrecken oder abzuschrecken).

Verlangsamung (d. h. Filtern, Eliminieren, Aufbauen und Modifizieren) der Kommunikation zwischen wahren Kunden und Händlern (um zu leugnen, zu stören, zu überfallen, zu täuschen, abzuschrecken und zu verhindern).

Übernahme der vollständigen Kontrolle über die Online-Site (um sie zu leugnen, zu stören, zu diskreditieren oder zu beschlagnahmen).

Untersagung von Telefon- und Computerdiensten (zu leugnen, zu stören, zu überfallen oder zu unterbrechen).

Hosting zielt auf die Online-Kommunikation ab (um sie zu verweigern, zu stören, zu überfallen oder abzuschrecken.)

Kontaktaufnahme mit der Host-Website mit der Bitte um Entfernung von Inhalten (um zu stören, zu leugnen, zu überfallen, abzuschrecken oder abzuschrecken).

Es ist in der Tat seltsam zu wissen, dass die Möglichkeit besteht, dass einige der Personen, mit denen Sie auf Social-Media-Plattformen wie Youtube, Facebook, Twitter oder Instagram interagieren, in Wirklichkeit bezahlte Regierungsbeamte aus dem Tiefen Staat sind.

Diese Agenten werden eingesetzt, um die Bevölkerung absichtlich mit starker Publicity und falschen Informationen zu belästigen. Dies ist immer wieder vorgekommen.

An einem bestimmten Punkt, während Ihrer Online-Interaktionen, wären Sie wahrscheinlich einem dieser zahlreichen Internet-Agenten begegnet. Sie sind überall, genau wie mobile Schatten. Diese scheinbar beiläufigen Antagonisten, deren einziges Ziel es ist, eine Ablenkung in jedem Gespräch in jedem Online-Chatraum oder in jedem Kommentar zu einer Meldung zu schaffen; sie neigen dazu, Ihre Aufmerksamkeit von der Diskussion auf etwas ganz anderes zu lenken.

Erstklassige Diskussionen, die in der Öffentlichkeit Reaktionen und Rückmeldungen auslösen, wie die illegale Einwanderung und die politische Zweiparteien-Operation, der Krieg gegen den Terror und manchmal Themen über medizinische Vielfalt, gehören zu den beliebtesten Zielen von Gegnern, die als Internet-Trolle oder Shills bekannt sind.

In vielen Szenarien sind sie einfach nur bezahlte Knechte, die von Weltorganisationen und Regierungsbeamten mit Vermögen beschäftigt werden - dies kann leicht dem Tiefen Staat angelastet werden.

Das schafft Raum für einfache Manipulation und Kontrolle öffentlicher Meinungen.

Vor vielen Jahren hatten die kanadischen CTV-Nachrichten einen kurzen Ausschnitt ausgestrahlt, in dem dargestellt wurde, wie die eigene Regierung unter die Lupe genommen und daraufhin überprüft wurde, ob sie private Agenten einsetzt, um den Überblick über soziale Medien und Online-Diskussionen zu behalten.

Die Regierung überwachte auch die Bewegungen bestimmter oppositioneller Personen. Diese Informationen wiesen darauf hin, dass die kanadische Regierung die Rolle der geheimen Online-Polizei spielte.

Es ist ziemlich deutlich geworden, dass der "Deep State" innerhalb der Regierungen in all diese Aktivitäten voll und ganz involviert ist.

Sie zielen darauf ab, die Öffentlichkeit nach ihren eigenen Geboten und Weisungen zu manipulieren. In einem verwandten Szenario wurden die Führungsgremien der Vereinigten Staaten von Amerika, an deren Spitze der Tiefe Staat steht, auf frischer Tat ertappt, als sie versuchten, Reddit zu verändern und Wikipedia zu modifizieren. Dies macht deutlich, dass die Macht missbraucht wurde, um die Regeln zu ihren Gunsten zu biegen.

Wenn es um Aktivitäten im Zusammenhang mit Spionage geht, kann die Regierung der Vereinigten Staaten von Amerika leicht damit prahlen, dass es niemanden gibt, der von ihren Spionen überall ausgenommen ist. Vor einiger Zeit hatten amerikanische Spione ihre Augen auf drei französische Präsidenten gerichtet, die angeblich Freunde

Amerikas waren.

Ähnlich wie in einigen anderen Ländern gibt es auch in den Vereinigten Staaten von Amerika eine ganze Reihe von Extremisten. Dies ist seit dem Amtsantritt Obamas im Weißen Haus der Fall und auch in der heutigen Trump-Ära immer wieder zu beobachten.

Die Präsenz von Internet-Agenten ist ein Beweis dafür, dass niemand wirklich sicher ist, selbst wenn er sich sicher fühlt.

Manchmal muss man sich fragen, warum jede Facette des Lebens ein Eindringen der Regierung erfordert.

All dies ist Teil ihres Plans, um sicherzustellen, dass sie die Handlungen der Öffentlichkeit überwachen und manipulieren können, bis diese sich den von ihnen gebotenen Optionen beugt.

Es ist ziemlich alarmierend, wenn man erfährt, dass seine Chat-Privatsphäre durch die Präsenz von bezahlten Internet-Agenten auf verschiedenen Social-Media-Plattformen gestört wird.

Niemand ist sicher, die Regierung verspricht allen Personen Privatsphäre, geht aber hinter die Kulissen und schnappt sie sich gleich wieder weg. Die Aktivitäten der Regierung der Vereinigten Staaten hängen einzig und allein davon ab, inwieweit sie öffentliche Entscheidungsprozesse ausspionieren und manipulieren kann.

Kapitel 5
Manipulationsmethoden

Es ist viel über die Macht und den Einfluss der kleinen Elite und des tiefen Staates gesagt worden.

Sie sind so mächtig, dass es den Anschein hat, als ob ihre Angelegenheiten von geistigen Kräften unterstützt werden.

Das ist jedoch nicht ganz richtig. Der tiefe Staat oder die kleine Elite nutzt hauptsächlich physische Werkzeuge, Strategien und Methoden, um ihre kurz- und langfristigen Ziele zu erreichen. Sie haben Verbündete in allen Bereichen der Regierung sowie in allen Organisationen und Branchen, insbesondere in den Medien.

Hauptwerkzeug, das der tiefe Staat einsetzt, um die Menschen zu kontrollieren und sie nach seinem Willen und seinen Plänen zu formen, sind in der Tat die Medien.

Das liegt vor allem daran, dass die Medien der Hauptweg sind, über den die Menschen Informationen erhalten und auf dem Laufenden bleiben, was in ihrer Gesellschaft und in der Welt geschieht.

Die Medien dienen als Kommunikationskanal oder -instrument, das zur Speicherung und Weitergabe von Informationen verwendet wird. Dazu gehören Printmedien, Nachrichtenmedien, soziale Medien, Rundfunk, Werbung und Kino.

Es sind die Medien, die Informationen weitergeben, und die Informationen selbst, die vom tiefen Staat gekapert und für seine Pläne und Ziele missbraucht werden.

Es gibt mehrere Methoden, die der tiefe Staat in den Medien und der Politik einsetzt, um die Menschen zu kontrollieren und zu unterdrücken. Werfen wir einen Blick auf einige von ihnen.

Psychologische Manipulation

Psychologische Manipulation kann einfach definiert werden als der Akt der Veränderung der Sichtweise, des Verhaltens und der Handlungen anderer durch indirekte, trügerische oder verschleierte Taktiken.

Diese Form der sozialen Beeinflussung wird vor allem von Manipulatoren angewandt, um andere ihrem Willen zu unterwerfen und sie dazu zu bringen, etwas zu tun, was sie sonst nicht getan hätten oder woran sie kein Interesse hätten.

Bei der psychologischen Manipulation stehen nur die Interessen des Manipulators im Vordergrund und werden hauptsächlich durch Ausbeutung und Untergrabung der Interessen des Opfers erreicht.

Es ist sicher, dass wir alle schon einmal eine Form der psychologischen Manipulation erlebt haben oder Opfer einer solchen geworden sind. Manchmal ist der Einsatz von psychologischer Manipulation gar nicht so schlimm.

Wir verwenden sie, wenn wir wollen, dass unsere Freunde und Familienangehörigen unseren Standpunkt teilen, was manchmal sogar zu ihrem Vorteil sein kann.

Der tiefe Staat hat jedoch nicht Ihre besten Interessen im Sinn, wenn er Sie psychologisch manipuliert. Vielmehr sind sie daran interessiert, ihre Interessen und Ziele auf Ihre Kosten voranzutreiben.

Da der tiefe Staat die Menschen nicht individuell manipulieren kann, bedient er sich der Medien, um die Menschen heimlich zu beeinflussen.

Die meisten Nachrichten, die Sie im Fernsehen sehen, im Radio hören oder in Printmedien oder sozialen Medien lesen, wurden strategisch bearbeitet, um Menschen zu manipulieren.

Zum Beispiel nutzen die tiefen Staaten einige Nachrichtensendungen, um viele Menschen zu beeinflussen - dies wird auch als Manipulation im Fernsehen bezeichnet.

Mehrere Nachrichtensprecher und Moderatoren stehen auf der Gehaltsliste des tiefen Staates und sie liefern die Nachrichten so, wie sie wollen, dass Sie beeinflusst werden.

Wenn sie wollen, dass Sie sich für eine Sache begeistern, werden sie die Nachrichten in einer emotionalen Sprache sprechen und lesen.

Eine weitere Möglichkeit, wie die Medien ihr Publikum manipulieren, ist die Verdrehung von Tatsachen und das absichtliche Zurückhalten einer großen Menge von Informationen. 60 % der Nachrichten, die täglich über verschiedene Medienplattformen verbreitet werden, sind entweder Halbwahrheiten oder reine Lügen. Das einzige Mal, dass eine Information vollständig an die Öffentlichkeit weitergegeben wird, ist, wenn die Nachricht den tiefen Staat begünstigt, und selbst dann wird sie in der Regel übertrieben berichtet.

Der tiefe Staat hat sich so tief in das System eingefressen, dass er alle wichtigen Nachrichten und Informationen überprüft, bevor sie an die Öffentlichkeit gelangen.

Wenn eine Information dem tiefen Staat schaden könnte, entfernen die Medien sofort einige Fakten und geben eine verfälschte Version an ihr Publikum weiter.

Außerdem hat der tiefe Staat einen Arm in den Medien,

der regelmäßig Propaganda für die Öffentlichkeit verbreitet, insbesondere wenn ein wichtiges Ereignis ansteht. Der Grund, warum der tiefe Staat all diese Prozesse durchführt, um die Öffentlichkeit zu beeinflussen, ist, dass ein beträchtlicher Teil der Macht beim Volk liegt.

In der Tat sind die Menschen das Ziel, das der tiefe Staat oder die Elite letztlich addressiert. Ihre Pläne und Ziele können nicht erreicht werden, ohne die Unterstützung und Sympathie der Öffentlichkeit zu gewinnen.

Aus diesem Grund bemüht sich der tiefe Staat jeden Tag darum, zu kontrollieren, was die Massen über die Medien sehen oder hören können.

Ein Thema, das sich in den Händen der korrupten Medien als nützliches Werkzeug erwiesen hat und dessen Fakten im Laufe der Zeit verzerrt wurden, ist Rassismus.

Das liegt vor allem daran, dass Rassismus ein Thema ist, das die Gefühle der Menschen anspricht. Der tiefe Staat bringt dieses Thema fast jedes Mal in die Nachrichten, um die Menschen psychologisch zu manipulieren und Chaos oder sozialen Ungehorsam zu verursachen.

Andere psychologische Taktiken, die von den Medien angewandt werden, sind das Leugnen, das Herunterspielen wichtiger Informationen, emotionale Erpressung und das Spielen des Anwalts des Opfers.

Social Engineering

Eine weitere Methode, die der tiefe Staat einsetzt, um die Menschen über Medien und Kino zu manipulieren, ist das Social Engineering.

Wenn die Massen psychologisch manipuliert werden, ist es

ihr Ziel, jeden dazu zu bringen, so zu denken oder sich so zu verhalten, wie sie es geplant haben - das nennen wir Social Engineering.

Im akademischen Sinne bezeichnet Social Engineering eine sozialwissenschaftliche Disziplin, bei der Regierungen, Medien oder private Gruppen versuchen, Menschen zu einer bestimmten Einstellung oder einem bestimmten sozialen Verhalten zu bewegen.

Das Social Engineering wurde im Zweiten Weltkrieg populär, als beide Kriegsparteien das Fernsehen und andere Techniken des Social Engineering einsetzten, um die öffentliche Meinung zu beeinflussen und die Menschen für ihre Sache zu gewinnen.

Seitdem ist das Social Engineering leider ein fester Bestandteil des modernen Journalismus und wurde vom tiefen Staat zur Kontrolle der Menschen missbraucht.

Social Engineering ist jedoch keine legale oder ethische Tätigkeit im Journalismus. Denn es bricht mit der Objektivität und Voreingenommenheit des echten Journalismus.

Social Engineering verändert die Absicht des Journalismus, nämlich Nachrichten so zu berichten, wie sie sind, ohne Informationen zu verbergen oder zurückzuhalten. Beim Social Engineering hingegen sind die Absicht und das Ziel, die öffentliche Meinung zu formen und eine allgemeine Reaktion auf eine Information zu erreichen.

Um dies zu erreichen, halten die Medien bestimmte Informationen zurück und berichten zu viel anderes. Wenn die Medien zum Beispiel wollen, dass Sie eine negative Meinung über eine Person oder ein Land haben, brauchen sie nur negative Nachrichten über diese Person zu verbreiten, um die Menschen sozial zu beeinflussen.

Selbst wenn die betreffende Person gute Dinge tut oder eine gute Politik macht, wird dies heruntergespielt und es werden eher die Nachteile einer solchen Politik untersucht.

Mit der Zeit würden die Menschen anfangen zu denken, dass die Person ein Schurke ist.

Die Folgen sind noch weitreichender, wenn die betreffende Person an der Macht ist oder ein Regierungsamt innehat, z. B. der Präsident. Schon bald würden die Menschen beginnen, gegen den Präsidenten zu protestieren, um Unruhe im Staat zu stiften und die Amtszeit dieses Präsidenten mit Chaos und Grauen zu überziehen.

Die einzigen, die von diesem System profitieren, ist der tiefe Staat, der sich im Chaos wohlfühlt und noch mächtiger ist.

Social Engineering hat im Laufe der Jahre zu Massenmorden geführt, insbesondere wenn es von autokratischen und autoritären Regimen eingesetzt wird.

Durch Social Engineering sind sie in der Lage, die öffentliche Unterstützung ihrer Bürger zu gewinnen und mit überwältigender Gewalt gegen ihre Feinde vorzugehen. Ein Beispiel ist der Massenmord an vielen Juden in Adolf Hitlers Deutschland.

Berichten zufolge war Adolf Hitler mit seinem Hass auf die Juden nicht allein. Tatsächlich unterstützten viele Deutsche sein gewaltsames Vorgehen gegen die Juden, vor allem aufgrund der Aktivitäten einiger staatlich geförderter Medien, die die Menschen zum Judenhass erzogen.

Sie taten dies, indem sie die Juden als eine übereifrige, anmaßende Rasse darstellten, die die Kontrolle über ihre Arbeitsplätze und ihre Wirtschaft hat.

Auch in gewaltfreien oder demokratischen Gesellschaften

gibt es Social Engineering, aber es wird systematisch und schrittweise durchgeführt, allerdings mit weitreichenderen Auswirkungen.

Es besteht eine hohe Wahrscheinlichkeit, dass Sie diesen Regierungsbeamten, diese Politik oder dieses Land wie andere hassen/lieben, weil Sie gesellschaftlich dazu erzogen wurden.

Gaslighting

Gaslighting ist eine weitere Form der psychologischen Manipulation, allerdings hat diese Manipulationstaktik noch heimtückischere Auswirkungen auf ihre Opfer und Empfänger.

Wikipedia definiert Gaslighting als eine Form der psychologischen Manipulation, bei der eine Person oder eine Gruppe verdeckt Zweifel in einer Zielperson oder -gruppe sät und sie dazu bringt, ihre eigenen Erinnerungen, Wahrnehmungen oder ihr Urteilsvermögen in Frage zu stellen, was bei ihnen oft kognitive Dissonanz und andere Veränderungen, einschließlich eines geringen Selbstwertgefühls, hervorruft.

Gaslighting ist deshalb gefährlicher als andere psychologische Manipulationstaktiken, weil es die Betroffenen dazu verleitet, ihre eigene Wahrnehmung der Realität, ihr mangelndes Selbstvertrauen und ihre Depression in Frage zu stellen.

Der Begriff "Gaslighting" ist schon seit langem bekannt, insbesondere seit den 1930er Jahren. Er geht auf ein britisches Theaterstück aus dem Jahr 1938 mit dem Titel "Gas Light" zurück, das in den Vereinigten Staaten unter dem Titel "Angel Street" aufgeführt wurde.

Es gibt verschiedene Methoden, mit denen Manipulatoren ihre Opfer unter Druck setzen, z. B. indem sie das Opfer spielen, etwas Falsches tun und es ständig leugnen und vieles mehr.

Die Form des Gaslighting, die der tiefe Staat praktiziert, ist jedoch strukturierter als das.

Über die Medien setzt der tiefe Staat Taktiken wie Irreführung, Widerspruch und Fehlinformation ein, um die Massen ins Gas zu setzen und ihr Wissen oder ihre Überzeugungen zu delegitimieren.

Sie wird vom tiefen Staat benutzt, um ihre Handlungen zu vertuschen oder die Aufmerksamkeit der Öffentlichkeit von ihrem Fehlverhalten abzulenken, das populär wurde und öffentliche Reaktionen hervorrief.

Da die Ideen des tiefen Staates nicht immer hieb- und stichfest sind, greifen sie zum Gaslighting, wenn ihre Ideen scheitern oder die Öffentlichkeit von ihren bösartigen Plänen erfährt. Wenn beispielsweise ein Mord von einem hochrangigen Mitglied des tiefen Staates begangen wurde, würden die Medien, um das Verbrechen zu vertuschen, anfangen, Informationen zu veröffentlichen, die das Opfer schwarz malen.

Sie fangen an, die Fakten und Ideen der Informationen über das Verbrechen so zu verdrehen, dass man sich fragt, ob der Verdächtige mit der Tötung des Opfers nicht der Gerechtigkeit Genüge getan hat.

Ein weiteres Beispiel ist die direkte Fehlinformation der Öffentlichkeit, bei der die Massen mit mehreren Ansichten über ein Ereignis konfrontiert werden und nicht in der Lage sind, zu entscheiden, welche davon richtig oder falsch ist.

Eine weitere Methode, mit der der tiefe Staat Gas gibt, ist die Inszenierung von Veranstaltungen, um die Massen zu verwirren.

Nehmen wir an, in einem Staat gibt es eine Gruppe von Menschen, die sich für ihre Rechte einsetzen, sich gegen die Maschinerie des Staates wehren und die Gunst des Volkes haben.

Um gegen sie vorzugehen und die Menschen von ihrer Seite abzubringen, würde der tiefe Staat verschiedene Möglichkeiten ausprobieren, um die Öffentlichkeit über diese Gruppe zu verwirren und die Menschen dazu zu bringen, sich selbst hinsichtlich der Akzeptanz der Gruppe in Frage zu stellen. Sie könnten gefälschte Ereignisse[1] wie Schießereien, Vandalismus, Entführungen usw. mit dem Namen oder den Insignien dieser Gruppe inszenieren, um ihre öffentliche Sympathie zu unterbinden.

Gaslighting wird jedoch nicht nur vom tiefen Staat eingesetzt, wenn seine Ideen vereitelt wurden. Er setzt es auch ein, wenn er gerade eine Operation durchführt, die ins Visier der Öffentlichkeit und der Kritik geraten ist.

Sie werden die Operation auch angesichts konkreter Beweise weiterhin leugnen. Doch anstatt sie zu stoppen, werden sie ihre Pläne weiterverfolgen. Staaten nutzen diese Technik des Gaslighting auch, um ihre Massen psychologisch zu beeinflussen.

Ein Beispiel dafür ist die Entsendung russischer Agenten auf die Krim, deren Anwesenheit in dem Staat nach wie vor geleugnet wird.

---

1   Also Aktionen unter falscher Flagge.

Appell an die Emotionen

Dies ist eine der beliebtesten und effizientesten Taktiken der Medien, um Menschen zu manipulieren und zu beeinflussen. Der Mensch ist ein emotionales Wesen.

Diese Ansicht wird durch die sozialpsychologische Theorie gestützt, die besagt, dass Einstellungen aus drei Komponenten bestehen, nämlich Affekt, Kognition und Verhalten.

Während sich die kognitive Komponente mit den "Überzeugungen, die man über eine Sache hat" beschäftigt, bezieht sich das Verhalten auf die Reaktionen der Menschen auf das Einstellungsobjekt.

Die Komponente, die sich jedoch mehr auf diese Methode der Manipulation bezieht, ist der "Affekt". Der Affekt kann auch als die emotionale Dimension einer Einstellung bezeichnet werden.

Es handelt sich um die positiven oder negativen Gefühle, die man gegenüber einem Objekt hegt. Daher reagieren Menschen eher auf Ereignisse, zu denen sie eine emotionale Beziehung aufbauen können.

Schwarze und Afroamerikaner reagieren beispielsweise auf natürliche Weise wütend oder ängstlich auf Rassismus, da es sich um ein Thema handelt, das sie aufgrund ihrer traumatischen Geschichte der Sklaverei und anderer rassistischer Erfahrungen emotional berührt.

Der Appell an die Emotionen, auch bekannt als argumentum ad passiones ("Argument aus Leidenschaft"), kann formal als eine Form der Manipulation beschrieben werden, die auf die Emotionen des Empfängers abzielt, um Argumente zu gewinnen, insbesondere wenn es keine sachlichen Beweise gibt (Wikipedia).

Wenn der tiefe Staat diese Technik einsetzt, geht es ihm jedoch immer um mehr als nur darum, Argumente zu gewinnen. Sie appellieren an die Emotionen der Menschen, um sie zu manipulieren, ihre Unterstützung zu gewinnen, zu agitieren und Chaos und Unruhe in der Gesellschaft zu stiften.

Über die Medien und je nach Zielsetzung verbreitet der tiefe Staat Informationen, die an das Mitleid, die Angst, die Bosheit und sogar das Wunschdenken der Menschen appellieren.

In den meisten Fällen, in denen der tiefe Staat diese Manipulationstaktik anwendet, haben sie keine Beweise, um ihre Behauptungen zu untermauern.

Um zu verhindern, dass die Menschen die Quelle oder die Gültigkeit ihrer Informationen überprüfen, appellieren sie an ihre Gefühle.

Dies funktioniert praktisch immer, da die Menschen in der Regel nicht das Bedürfnis haben, Informationen zu überprüfen, mit denen sie sich aufgrund ihrer Voreingenommenheit, ihrer Religion oder ihrer Erfahrungen emotional verbunden fühlen.

Selbst wenn sie das Gefühl haben, dass die Nachrichten nicht stimmen, zögern sie, dies zuzugeben, da es so aussehen würde, als würden sie ihre Gefühle und ihr Gewissen verraten.

Um beispielsweise eine Regierung oder einen Machthaber in Misskredit zu bringen, könnte der tiefe Staat Informationen in Form von Nachrichten, Videos, Audiodateien oder schriftlichen Informationen über eine Gruppe von Menschen, die in dem Staat leiden, an die Öffentlichkeit bringen.

Um die Informationen ansprechender zu gestalten, könnten sie Kinder vorstellen und darüber sprechen, wie sie in diesem Staat leiden.

Da Kinder von den Menschen als schwach und liebenswert angesehen werden, würde diese Information die Massen ansprechen und die Regierung in Misskredit bringen.

Ein weiteres Beispiel ist, dass der tiefe Staat das kontroverse Thema Rassismus nutzt, um Chaos und Unordnung im Staat zu stiften. Nachdem sie die Menschen entlang rassistischer Linien gespalten haben, verbreiten sie Propaganda, die an die Gefühle beider Seiten appelliert und sie gegeneinander aufbringt.

Ein Gefühl, an das der tiefe Staat ständig appelliert, um die Menschen zu beherrschen, ist die Angst.

Da Angst sie schwächt und desillusioniert, appelliert der tiefe Staat ständig an sie, um die Menschen zur Ordnung zu bringen.

Ein Beispiel dafür, wie der tiefe Staat die Angst nutzt, um die Massen zu lähmen, findet sich während der Covid-19-Pandemie, die viele Falschnachrichten und propagandistische Theorien hervorgebracht hat, um die Menschen in Angst zu halten.

Massenmanipulation

Die Manipulation von Menschenmengen ist dem Social Engineering ähnlich. Sie ist jedoch spezieller als letztere.

Es handelt sich um den bewussten Einsatz von Techniken zur Kontrolle und Beeinflussung der Wünsche der Menschenmenge, um ihre Einstellung zu einer bestimmten Handlung zu lenken.

Die Manipulation von Menschenmengen ist direkter und spezifischer als das Social Engineering, denn während letzteres die allgemeine Bevölkerung ansprechen soll, zielt ersteres auf eine bestimmte Gruppe von Menschen ab. Tatsächlich ist es das Ziel des tiefen Staates, nach der Durchführung von Social Engineering und anderen Manipulationsmethoden eine Manipulation der Massen zu erreichen.

Während es beim Social Engineering um die konsequente Verbreitung von Propaganda in der Öffentlichkeit geht, um sie dazu zu bringen, nach einem bestimmten Muster zu denken, geht es bei der Crowd Manipulation darum, was der Staat erreichen will, nachdem die Propaganda ihren Tribut bei den Menschen gefordert hat.

Durch die Manipulation von Menschenmengen wird die Öffentlichkeit zu einer Menschenmenge organisiert, die sich für Proteste und Unruhen als nützlich erweisen würde.

Dies macht die Taktik der Massenmanipulation zur wichtigsten Methode im Manipulationsarsenal des tiefen Staates, da sie sehr aktiv ist, um Chaos und Unruhe in der Gesellschaft zu stiften.

Wie wir in den vorangegangenen Kapiteln dieses Buches gelernt haben, sind der tiefe Staat und die kleine Elite stets darauf bedacht, Chaos zu stiften, das den Staat destabilisieren und zu einer Neuen Weltordnung führen würde.

Manchmal hetzte der tiefe Staat die Menge auf und appellierte an ihre Wut mit so viel Propaganda, dass sie gewalttätig und aggressiv gegenüber den Behörden wurde.

Sie tun dies in dem Wissen, dass das Sicherheitspersonal, das zur Wahrung des Friedens und zur Kontrolle der Menschenmenge entsandt wurde, möglicherweise Gewalt anwenden muss, was dann zu einer Schlägerei zwischen der

Menge und der Polizei führen würde - ein wichtiges Anliegen des tiefen Staates.

Dieses Beispiel bestätigt also die Behauptung, dass sich der tiefe Staat nicht um das Volk oder die Menge kümmert. Vielmehr betrachten sie sie als Spielfiguren, die zur Erfüllung ihrer versteckten Agenda eingesetzt werden können.

Der Wissenschaftler Gustave Le Bon sagte:

"Es sind eher Menschenmassen als einzelne Personen, die sich dazu bewegen lassen, den Tod zu riskieren, um den Triumph eines Glaubens oder einer Idee zu sichern, die von der Begeisterung für Ruhm und Ehre beflügelt sind, die sich - fast ohne Brot und ohne Waffen, wie im Zeitalter der Kreuzzüge - auf den Weg machen, um das Grab Christi von den Ungläubigen zu befreien oder das Vaterland zu verteidigen."

Gustave Le Bon hätte nicht richtiger liegen können, wenn es darum geht, wie der tiefe Staat die Massen betrachtet.

Es war diese Methode der Manipulation, die Samuel Adams in den 1770er Jahren vor dem amerikanischen Bürgerkrieg einsetzte, um die amerikanischen Kolonien zu einen.

Er gab den Bostonern "aufwändige Kostüme, Requisiten und Musikinstrumente, um bei Demonstrationen am Hafen und Paraden durch Bostons Straßen Protestlieder anzustimmen. Samuel Adams ist immer dann zufrieden, wenn die Menge Gewalt gegen die britischen Behörden anzettelt, wie beim Massaker von Boston am 5. März 1770.

Diese unglücklichen Ereignisse geben Adams die Möglichkeit, übertriebene Darstellungen der tatsächlichen Ereignisse zu verfassen und zu verbreiten, um so die breite Bevölkerung anzusprechen, die Massen zu sozialisieren und einen neuen Mob zu wecken.

Manchmal kann die Manipulation von Menschenmengen zu einem Chaos führen, wenn der tiefe Staat an eine gewalttätige und aggressive Menge appelliert, die plündert und stiehlt.

Kapitel 6 Struktur des Systems

Von einer Geheimorganisation wie dem tiefen Staat, der sich tief in die Vereinigten Staaten gefressen hat, wird erwartet, dass sie eine Struktur hat.

Der tiefe Staat kann zwar nicht leicht ausfindig gemacht werden, weil er im Verborgenen operiert, aber er verfügt über mehrere physische, beweisbare Einrichtungen und Organisationen, die seine Ziele in der Gesellschaft umsetzen.

Diese Gremien sind zwar öffentlich zugänglich, haben klare Ziele und eine offene Mitgliedschaft, aber sie führen auch geheime Aktivitäten im Hintergrund durch und haben versteckte Absichten.

Diese Gremien bilden die Struktur des tiefen Staates und seines Medienimperiums.

Der Rat für Auswärtige Beziehungen

Wenn Sie glauben, dass die Regierung allein Politik macht, vor allem in auswärtigen Angelegenheiten, oder wenn Sie glauben, dass die Medien eine eigenständige Einheit sind, dann müssen Sie umdenken.

Die wenigsten Menschen wissen, dass es eine Organisation namens Council on Foreign Relations (CFR) gibt und dass fast alle Führungskräfte, Top-Medienmitarbeiter und Journalisten der großen US-Medien dieser Organisation angehören.

Die Organisation ist nicht nur einflussreich, sondern auch mächtig, da die Mitglieder dieser Organisation bestimmen, welche Nachrichten Sie im Fernsehen sehen oder in Zeitungen und sozialen Medien lesen können.

Es ist nicht verwunderlich, dass der Rat für Auswärtige Beziehungen bereits seit langem besteht, nämlich seit 1921.

Aus den vorangegangenen Kapiteln erfahren Sie, dass die kleine Elite und der tiefe Staat auch schon lange vor 1921 aktiv waren.

Dem CFR gehören etwa 5000 Elitemitglieder an, die seit seiner Gründung die Außenpolitik der Vereinigten Staaten und die öffentliche Meinung darüber geprägt und bestimmt haben.

Obwohl das bekannte Ziel des CFR darin besteht, "Amerika für seine weltweite Verantwortung zu sensibilisieren", haben im Laufe der Jahre ihre Handlungen jedoch gezeigt, dass sie eine geheime Agenda haben.

Manchmal entwickelt diese Organisation eine Politik, die ihre Mitglieder und nicht die breite Bevölkerung begünstigt.

Was den CFR in der Politik so bedeutend und mächtig gemacht hat, ist das Ergebnis des Kalibers und des Status der Mitglieder der Gruppe.

Der CFR verfügt zwar über eine aktive Medienpräsenz, die jedoch nur fünf Prozent des allgemeinen CFR-Netzwerks ausmacht. Nach Angaben von Swiss Policy Research gehören diesem Rat unter anderem folgende Persönlichkeiten an:

- Mehrere Präsidenten und Vizepräsidenten der Vereinigten Staaten beider Parteien

- Fast alle Außen-, Verteidigungs- und Finanzminister, hochrangige Befehlshaber des US-Militärs und der NATO

- Einige der einflussreichsten Mitglieder des Kongresses (vor allem in der Außen- und Sicherheitspolitik)

- Fast alle nationalen Sicherheitsberater, CIA-Direktoren, Botschafter bei den Vereinten Nationen, Vorsitzende der Federal Reserve, Präsidenten der Weltbank und Direktoren des Nationalen Wirtschaftsrats

- Viele prominente Akademiker, insbesondere in Schlüsselbereichen wie Wirtschaft und Politikwissenschaft

- Viele Spitzenkräfte der Wall Street, politischer Denkfabriken, Universitäten, Nicht-Regierungs-Organisationen (NRO) und Hollywoods

- Wichtige Mitglieder sowohl der 9/11-Kommission als auch der Warren-Kommission (JFK-Attentat)

Ein Blick in die Mitgliederliste des CFR von Swiss Policy Research zeigt, dass dieser Rat quer durch Parteien, Rassen, Regierungsapparate und Entscheidungsbereiche geht.

Diese Mitglieder spielen eine aktive und wichtige Rolle in öffentlichen Angelegenheiten und tragen dazu bei, dass die vom CFR beschlossenen Maßnahmen umgesetzt werden.

Während der tiefe Staat die Massen spaltet, ist sich die Elite, die den CFR bevölkert, einig in ihrem Ziel, die Menschen zu beherrschen und die Politik zu beeinflussen.

Der CFR hat auch Niederlassungen in verschiedenen Teilen der Welt.

Ihr Mediennetzwerk ist sehr umfangreich und hilft dem Rat, Informationen auszutauschen und die Zusammenarbeit über Kontinente hinweg zu fördern.

Der CFR hat zwei große internationale Mitgliedsorganisationen, die Bilderberg-Gruppe, die die USA und Europa abdeckt, und die Trilaterale Kommission, deren Zuständigkeitsbereiche Nordamerika, Europa und Ostasien sind.

Der Propaganda-Multiplikator

Propaganda ist das Brot und die Butter der Medien unter dem tiefen Staat. Das Oxford-Wörterbuch definiert Propaganda als "Information, insbesondere parteiischer oder irreführender Art, die zur Förderung einer politischen Sache oder eines politischen Standpunkts verwendet wird".

Der tiefe Staat ist sich darüber im Klaren, dass echte Fakten mit ihren Manipulationsmethoden nicht wirksam eingesetzt werden können, und so beschließen sie, verzerrte Fakten, gefälschte und erfundene Informationen, auch bekannt als Propaganda, zu verwenden, um die Massen zu beeinflussen.

Wie stellt der tiefe Staat dann sicher, dass seine Propaganda eine große Zahl von Menschen im Land erreicht?

Der tiefe Staat verfügt zwar über große finanzielle Ressourcen, hat aber nicht die Mittel, um seine Propaganda in jede einzelne Nachrichtenagentur zu bringen. Aber das müssen sie auch nicht. Die hierarchische Struktur der Medien hat die Arbeit einfacher und schneller gemacht.

Ganz oben in der Pyramide stehen die Nachrichtenagenturen. Täuschen Sie sich nicht, die Nachrichtenagenturen unterscheiden sich von Ihren normalen Zeitungen und Medien.

Sie sind viel mehr als das, man kann sie als das A und O bezeichnen, wenn es um die Verbreitung von Nachrichten und anderen Informationen geht.

Sie sind die Quelle für fast alle internationalen Nachrichten, die Sie in Zeitungen oder sozialen Medien lesen, sowie für die Berichterstattung im Fernsehen.

Die exklusiven Bilder, Ton- und Videoaufnahmen, die Sie in Social Media Agenturen finden, können auch mit diesen Nachrichtenagenturen verknüpft werden.

Die Geschichten, die diese Agenturen liefern, werden zu den Trendthemen, die andere Zeitungen bringen.

Manchmal fragen Sie sich vielleicht, warum die Nachrichten in den verschiedenen Nachrichtenkanälen ähnlich sind und warum sie die gleichen Themen anzusprechen scheinen; die Lösung für diese Frage liegt nicht weit von der Tätigkeit der Nachrichtenagenturen entfernt.

Diese Agenturen werden nicht nur von inländischen Medien unterstützt, sondern auch internationale Nachrichtenorganisationen sind bei internationalen Nachrichten auf diese Agenturen angewiesen.

Deshalb kann es vorkommen, dass ein Thema, das in New York aktuell ist, auch in Frankreich zu einem öffentlichen Diskurs führt.

Ironischerweise sind die Nachrichtenagenturen, so wichtig und mächtig sie auch sind, in der Öffentlichkeit kaum bekannt. Viele Menschen denken, dass ihre lokale Nachrichtenagentur die Nachrichten selbst beschafft, bevor sie sie an die Öffentlichkeit weitergibt.

Zu den mächtigsten internationalen unabhängigen Nachrichtenagenturen gehören die amerikanische Associated Press (AP), die regierungsnahe französische Agence France-Presse (AFP) und die britische Agentur Reuters.

Obwohl wir einige nationale Nachrichtenagenturen wie die österreichische APA und die schweizerische SDA haben, sind die drei oben erwähnten globalen Agenturen in vielen Teilen der Welt immer noch die erste Adresse für internationale Nachrichten.

Diese Nachrichtenagenturen sind der wichtigste Materiallieferant für die Massenmedien, und keine Tageszeitung und kein TV- oder Radio-Sender kann ohne sie auskommen.

Dies verleiht ihnen eine beträchtliche Macht über die Medien und die Öffentlichkeit, denn sie bestimmen, was in die Nachrichten kommt, was ausgewählt und was weggelassen wird.

Man kann sich nur vorstellen, wie viele wichtige Informationen von den Nachrichtenagenturen ignoriert worden wären, weil sie nicht ihren Vorgaben oder Absichten entsprechen.

Aufgrund des Einflusses und der Macht der globalen Agenturen nutzen mehrere Regierungen und mächtige Organisationen sie als Multiplikatoren, um ihre Botschaften in der ganzen Welt zu verbreiten und zu verkünden.

Über diese Agenturen verbreitet der tiefe Staat seine Propaganda und erwartet, dass sie jeden Winkel erreicht, weil andere Medien sie kopieren.

Wikipedia Desinformationsoperation

Spricht man über die führenden Informationsseiten im Internet des 21. Jahrhunderts, so steht Wikipedia an erster Stelle.

Tatsächlich kann kein Student oder Forscher sagen, dass ihm die Wikipedia-Seiten seit ihrer Gründung nicht geholfen haben.

Durch seine informativen und erklärenden Seiten zu praktisch allen Themen und der Geschichte kann Wikipedia als eines der Wunder des modernen Internets angesehen werden.

Man kann nicht anders, als diese Online-Enzyklopädie zu lieben, die Antworten auf alle Fragen und Informationen zu haben scheint, die man sucht. Dies ist der Grund für die über 9 Milliarden Seitenaufrufe, die die Website weltweit pro Monat verzeichnet.

Viele Menschen sehen Wikipedia als eine offene und gemeinnützige Organisation und vertrauen darauf, dass die Seite ihnen die richtigen Informationen liefert. Aber ist Wikipedia wirklich so transparent und offen?

Aufgrund der professionell geschriebenen und aktualisierten Seiten über alles, glauben einige Leute sogar, dass die Website mit Bots und künstlicher Intelligenz programmiert ist, die die Seiten aktualisieren.

Dies ist jedoch nicht der Fall, denn die Wikipedia wird von Menschen kontrolliert und betrieben. Die Online-Enzyklopädie wird von 500 aktiven Administratoren verwaltet, die die Aktualisierung und Bearbeitung der Seiten verantworten.

Obwohl Wikipedia die Möglichkeit bietet, Seiten zu bearbeiten und Informationen zu korrigieren, ist dies ein sehr strenges und striktes Verfahren.

Die Administratoren haben immer noch die Befugnis, Änderungen rückgängig zu machen oder Benutzer zu sperren, die dies versuchen

Wie jede andere künstliche Einrichtung, die von Menschen kontrolliert wird, ist auch Wikipedia anfällig für Voreingenommenheit und Propaganda. Eine aktuelle Studie zeigt, dass 80 % der Inhalte auf Wikipedia von nur 1 % der Wikipedia-Redakteure verfasst wurden.

Diese Redakteure sind Menschen, sie teilen auch ihre Überzeugungen und Ideale und sind ebenfalls anfällig für Korruption und Manipulation.

Es hat sich herausgestellt, dass einige dieser Administratoren auf der Gehaltsliste von Sicherheitsorganisationen und Geheimdiensten wie der CIA, dem FBI und dem Secret Service stehen. Es ist kein Wunder, dass Wikipedia zu einem effizienten Werkzeug in den Händen des tiefen Staates geworden ist, um Informationen zu verfälschen und die Öffentlichkeit falsch zu informieren.

Die von der Manipulation durch den tiefen Staat betroffenen Artikel reichen von politischen und geopolitischen Themen bis hin zu historischen und kontroversen Artikeln.

Wann immer ein Thema oder eine Frage im Licht der Öffentlichkeit steht und Aufmerksamkeit erregt, beauftragt der tiefe Staat die Wikipedia-Administratoren, die auf seiner Gehaltsliste stehen, die Informationen auf Wikipedia so zu bearbeiten, dass sie seine Sache begünstigen oder einige Fakten verbergen.

Der Grund dafür ist, dass Wikipedia die erste Quelle ist, die die Menschen aufsuchen, um sich über das Thema und seine Geschichte zu informieren.

Da stellt sich die Frage, ob alles, was wir jemals auf Wikipedia gelesen haben, tatsächlich wahr ist und auf Fakten beruht.

Um ihre Identitäten oder die ihrer wichtigen Verbündeten zu schützen, manipuliert der tiefe Staat die Biografien dieser Persönlichkeiten auf Wikipedia und entfernt alle Informationen, die ihrer Meinung nach gegen sie sprechen könnten.

Außerdem nutzt der tiefe Staat die Website, um den Ruf von Nonkonformisten oder Menschen zu zerstören, die nicht loyal gegenüber ihrer Sache sind.

Sie bearbeiten die Biografie der Person und fügen einige belastende Details hinzu, die die Person in ein schlechtes Licht rücken, wenn andere ihre Biografie auf der Website lesen.

Der tiefe Staat gaslightet die Öffentlichkeit auch über Wikipedia.

Wenn Sie eine Seite auf der Website besuchen, um sich zu informieren, und später die Seite an einem anderen Tag besuchen und herausfinden, dass sich die Details geändert haben, würden Sie anfangen, Ihr Gedächtnis und Ihre Sicht in Frage zu stellen. Ihr Gedächtnis ist nicht das Problem, sondern der tiefe Staat, der Sie manipuliert.

Kapitel 7 Heuchelei von Regierung und Medien

Die Heuchelei, die von den Medien und der Regierung zur Schau gestellt wird, ist eine Heuchelei, die auf Gaslicht, Lügen und Täuschung beruht. Hinter den Medien und der Regierung steckt so viel mehr, als man auf dem ersten Blick sieht.

Medien wie CNN, MSNBC, NBC, CBS, ABC, The New York Times, Washington Post und U. S. A. haben es sich zur Aufgabe gemacht, nur das darzustellen, was sie wollen, ohne die ganze Geschichte zu erzählen, und manchmal verdrehen sie die ganze Handlung, um sie dem gewünschten Szenario anzupassen:

Präsident Donald Trump sei ziemlich schlecht darin gewesen sein, die verwundeten und geteilten Teile Amerikas zu einem einheitlichen Ganzen zusammenzufügen.

In den Städten des Landes komme es immer wieder zu Unruhen. Einer dieser Fälle, der einem schnell in den Sinn kommt, ist der Tod von George Floyd, einem wehrlosen Schwarzen, der von einer Polizeipatrouille in Minneapolis festgehalten wurde und bis zu seinem Tod fast neun Minuten lang mit den Knien des Beamten auf dem Hals zu Boden gedrückt worden sei.

Trump hätte militärische Sanktionen gegen die Organisatoren der Proteste versprochen, da er sie als unrechtmäßig ansehe. Er ignoriere die Wut der Demonstranten und behaupte, es handele sich lediglich um ein Theaterstück linker Rebellen.

Er habe sich bewusst dafür entschieden, das Vorgehen der

übermäßig energischen Polizeibeamten bei diesem Protest zu ignorieren. Und leider geschieht dies zu einem Zeitpunkt, an dem die Einwohner Amerikas noch immer unter den Auswirkungen eines bedeutenden wirtschaftlichen Niedergangs und der weltweiten Coronavirus-Pandemie leiden.

Dan Balz wies einmal darauf hin, dass Trump mit seinen schlecht gewählten Tweets über Plünderungen, Schießereien oder wilde Hunde und überwältigende Waffen Spaltungen ausgelöst habe. Außerdem unterstellte er dem Präsidenten, er habe die Führer der Demokraten angegriffen, während ihre Gemeinden abgefackelt wurden.

Er schloss mit der Feststellung, dass Trump eher stürme als führe, wie es eine Führungspersönlichkeit eigentlich tun sollte, da es offensichtlich ist, dass er für alles, was auf das Land zukommen könnte, kein Gespür habe.

Edward Luce von der Financial Times behauptete ebenfalls, dass Donald Trump einen kleinen Schleier der Manipulation eines vorbürgerlichen privilegierten Amerikas schaffe, in dem die weißen Männer unangefochtenen Einfluss hatten.

Er führte weiter aus, dass Trump niemals die Schuld für irgendwelche Ereignisse auf sich nehme, sondern sie auf seine Vorgänger abwälze. In den meisten Fällen mache er den ehemaligen Präsidenten Barack Obama, Linksextremisten, China und Verbrecher für Amerikas derzeitige Lage verantwortlich.

In der Ära Trump haben die Vereinigten Staaten von Amerika bereits ihre Verteidigung der Menschenrechte und der Rechtsordnung in verschiedenen Teilen der Welt reduziert.

Was man im Grunde häufig sieht, ist: Reporter und Demonstranten, die von der regionalen Polizei verwundet und verletzt werden, der Aufstieg eines Hetzers, der wütende Attacken gegen die liberale Presse anstachelt, Einsatzkräfte, die scheinbar mit Brutalität auf wehrlose Demonstranten zielen und auch ihre Fahrzeuge in den Mob rammten.

In den letzten Jahren haben sich die Medien zu einem Schauplatz der Illusion entwickelt. Sie malen Bilder und lassen sie echt aussehen, obwohl sie in Wirklichkeit falsch sind.

Laut David Runciman, einem britischen politischen Philosophen, nutzen die Medien die Unwissenheit der Öffentlichkeit aus und erheben Anspruch auf Wissen, das sie nicht besitzen oder auf Loyalität, die nicht aufrechterhalten werden kann.

Michael Gerson, ein amerikanischer politischer Korrespondent, ergänzte die Worte von Runciman, als er politische Heuchelei als den bewussten Einsatz eines Verschleierungsmechanismus zur Täuschung der Öffentlichkeit definierte, um sie für politische Vorteile zu gewinnen.

Dies ist nur eine einfache Aufschlüsselung dessen, wie der tiefe Staat seine Geschäfte führt.

Die meisten Mainstream-Medien verbreiten viele Fälschungen, nur um die Aufmerksamkeit ihres Publikums zu gewinnen.

Fake News werden mit der Absicht verfasst und veröffentlicht, die Menschen in die Irre zu führen und das Image bestimmter Agenturen, Themen oder Personen zu schädigen oder sogar aus finanzieller und politischer Sicht zu profitieren.

Die Verwendung verlockender, ausgedachter Geschichten dient als Klickköder für die Öffentlichkeit, was die Zahl der Personen erhöht, die diese Geschichten schließlich lesen oder ansehen.

Die Verbreitung irreführender Nachrichten hat in der ganzen Welt rapide zugenommen.

In letzter Zeit werden Nachrichten nur noch aus eigennützigen Interessen veröffentlicht. Für die meisten Medienunternehmen ist die Fähigkeit, Nachrichten zu erstellen, die viele Zuschauer anziehen, eine zuverlässige Quelle für Online-Werbeeinnahmen.

Eine veröffentlichte Geschichte zieht trotz falschen Inhalts die Aufmerksamkeit vieler Klicks auf sich und verbessert auch die Bewertungen.

Der freie Zugang zu Online-Werbeeinnahmen, die verstärkte politische Polarisierung und der Ruhm von Social-Media-Plattformen, vor allem des Facebook-Newsfeeds, waren schon einmal an der Verbreitung von Falschnachrichten beteiligt, die mit legitimen Nachrichtenartikeln konkurrieren.

Aggressive Regierungsbeamte waren auch an der Erzeugung und Verbreitung von Falschnachrichten beteiligt, insbesondere während der Wahlen.

Bestätigungs-Voreingenommenheit und Social-Media-Algorithmen, die denen von Facebook, Instagram und Twitter sehr ähnlich sind, fördern die Verbreitung von Falschnachrichten erheblich.

Das Vorhandensein von Fake News vereitelt eine umfangreiche Medienberichterstattung und macht es für Reporter schwieriger, über wichtige Nachrichten zu berichten. Eine gründliche Analyse von BuzzFeed.com führte zur Entdeckung von Fake-News-Geschichten über die Präsidentschaftswahlen 2016 in den USA, die auf Facebook mehr Engagement erhielten als die echten Wahlgeschichten von einem seriösen Medienunternehmen.

Heimlich gehostete Fake-News-Websites ohne bekannte Herausgeber wurden ebenfalls verurteilt, weil sie es erschweren, Quellen von Fake-News wegen Verleumdung anzuklagen.

Der Begriff "Lügenpresse" wird zuweilen verwendet, um gültige Nachrichten aus einer gegnerischen politischen Perspektive in Zweifel zu ziehen.

Es ist offensichtlich, dass die Macht der Medien von den Machthabern missbraucht wurde. Die Medien wurden in den 1930er Jahren ins Leben gerufen, um die Bevölkerung mit Fakten und Wahrheiten aufzuklären.

Doch nun ist das Gegenteil der Fall, denn die Medien geben vor, für die Rechte der Öffentlichkeit zu kämpfen, kneifen aber in Zeiten der Not.

Der Fall von Rassismus und Vetternwirtschaft hatte sich tief in das System des Landes gefressen. Aber anstatt dieses Kernproblem zu beleuchten, haben die Medien ein Auge zugedrückt und lieber das veröffentlicht, was sie begünstigt und ihnen Geld in die Taschen spült.

War das der Grund für die Gründung von Medienunternehmen weltweit? Definitiv nicht. Wo ist es also schief gegangen? Die Öffentlichkeit verdient eine Erklärung.

Heuchelei ist sowohl in den Medien als auch in der Regierung an der Tagesordnung. Nach dieser großen Enthüllung bleibt abzuwarten, ob sich die Handlungen der Medien oder sogar des Regierungsorgans, das vom tiefen Staat angetrieben wird, ändern werden.

Die Frage lautet nun: Was glauben wir? Wem glauben wir? Wann kann ich endlich meine eigenen Entscheidungen treffen, ohne den Beigeschmack der Manipulation durch die Medien oder die Regierung?

Eines ist sicher, die Regierung und die Medien haben die Öffentlichkeit schon zu lange belogen. Es ist höchste Zeit, dass sie für ihre Rechte und Privilegien einstehen, denn jetzt ist die Wahrheit gekommen.

Kapitel 8 Die vom tiefen Staat gesponserten Exekutoren

Vom Beginn dieses Buches bis zu diesem Punkt haben wir einige Fakten feststellen können: Erstens: Es gibt eine kleine Elite und einen tiefen Staat, deren Hauptziel es ist, eine neue Weltordnung zu schaffen.

Zweitens, dass diese geheime Gruppe mächtig und einflussreich ist und viele Leute auf ihrer Gehaltsliste hat, sowie mehrere manipulative Techniken und Medienpropaganda-Werkzeuge in ihrem Arsenal.

Und schließlich, dass die geheime Elite und der tiefe Staat das Chaos bevorzugen und es als Mittel zur Destabilisierung des Staates und letztlich zur Erreichung einer neuen Weltordnung betrachten.

In diesem Kapitel geht es darum, wie der tiefe Staat das Chaos und die von ihm gesponserten Vollstrecker bei Umwälzungen nutzt, um das Feuer des Konflikts weiter zu verbreiten und zu schüren.

Es scheint, dass alle Aktivitäten des tiefen Staates und seine Manipulationstechniken wie Social Engineering und das Ansprechen von Emotionen darauf abzielen, Chaos zu schaffen.

Dem Oxford-Wörterbuch zufolge ist Chaos ein Zustand der Unordnung und Verwirrung, doch in dieser Unordnung ist der einzige Plan, der organisiert bleibt, der Plan des tiefen Staates.

Chaos passiert nicht einfach so, sondern wird meist im Voraus geplant und organisiert, bevor es losgeht. Es beginnt in der Regel mit einem öffentlichen negativen Ereignis, das an die Wutgefühle der Menschen durch den Einsatz von Massenmedien und sozialen Medien appelliert, insbesondere an die gewalttätigen unter ihnen.

Darauf folgt eine Manipulation der Menschenmenge, die einen Protest oder eine Reihe von Protesten im Land auslösen würde.

Kurz darauf entwickelten sich diese Proteste zu einem ausgewachsenen gewaltsamen Chaos und Unruhen als Ergebnis der vom tiefen Staat gesponserten Vollstrecker.

Zu den Vollstreckern des tiefen Staates gehören vor allem gewalttätige Gruppen und Agent Provokateure. Es gibt mehrere gewalttätige Gruppen, die vom tiefen Staat unterstützt werden und sich immer wieder auf Proteste und Unruhen stürzen und diese anführen.

Obwohl sie verschiedene Ideale haben, die sie vorgeben zu vertreten und zu schützen, besteht ihre versteckte Absicht darin, jeden noch so friedlichen Protest in einen Aufruhr zu verwandeln.

Sie tun dies, indem sie gewalttätig agitieren und während der Proteste bösartige und kriegerische Aktionen durchführen. Die Unruhenstifter zeigen sie sich von ihrer besten Seite und treten in den Hintergrund, wenn eine friedliche Atmosphäre herrscht, um auf den nächsten Protest zu warten.

Es gibt jedoch auch einige andere Fälle, in denen diese gewalttätigen Gruppen die Menschen gegen die Regierung und den Sicherheitsapparat aufstacheln, selbst wenn es kein bestimmtes Ereignis oder keinen Anlass gibt, für den sie kämpfen.

Von allen Gruppen, die vom tiefen Staat gesponsert werden, hat es nur eine geschafft, Bekanntheit, Anhängerschaft und eine große Basis in der Welt zu erlangen. Diese Gruppe ist die ANTIFA.

Antifa

Antifa, die Abkürzung für Antifaschist, ist eine Protestbewegung, die im August 2017 in den Vereinigten Staaten populär wurde. Dies geschah nach der rechtsextremen "Unite the Right"-Kundgebung in Charlottesville, VA, im selben Monat.

Bei dieser Kundgebung und jeder weiteren Veranstaltung, die von weißen Rassisten, Rechtsextremisten oder ähnlichen Gruppen organisiert wird, gehen Antifa-Mitglieder aggressiv gegen diese Demonstranten vor und zielen wieder auf gewalttätige Auseinandersetzungen zwischen der Antifa und den Rechtsextremen.

Die Antifa führt ihre Ideologie und ihre Existenzberechtigung auf die Nazipartei Adolf Hitlers zurück, die in den 1930er Jahren an die Macht kam und zahlreiche Verbrechen gegen die Menschlichkeit beging, die auf rassistischen Gründen beruhten.

Sie sind der Meinung, dass die Nazipartei in Deutschland nicht an die Macht gekommen wäre, wenn es eine solche Gruppe gegeben hätte und mehr Menschen in den 1920er und 30er Jahren aggressiv auf die Straße gegangen wären.

Die Antifa hat zwar keine organisierte Struktur oder Mitgliederliste, aber ihre Reihen erstrecken sich über mehrere Rassen, Parteizugehörigkeiten und Hintergründe.

Sie setzt sich aus mehreren Gruppen und Einzelpersonen zusammen, die sich aggressiv gegen weiße Suprematisten oder rechtsextreme Bewegungen stellen.

Ihr Ziel ist einfach: Einschüchterung, Belästigung und Vereitelung von Rechtsextremisten und deren Plänen überall, auch online. Die Antifa hat mehrere Seiten in den sozialen Medien, auf denen sie aufrührerische Inhalte gegen Rassismus veröffentlichen und jeden Kommentar, den sie für rassistisch halten, trollen und kritisieren.

Die Haupttätigkeit der Antifa besteht darin, bei Demonstrationen aufzutreten, um vermeintliche Rassisten einzuschüchtern, und sie könnte bis zur Gewaltanwendung gehen, um ihre Ziele zu erreichen.

Die Antifa versteht sich als aktive Verteidigung gegen Personen, die Rassismus und Faschismus in den Vereinigten Staaten fördern.

Das Kaliber der Mitglieder und die Taktiken, die die Antifa einsetzt, um ihre Ziele zu erreichen, sind jedoch im Laufe der Jahre in die Kritik geraten.

Die Reihen der Antifa sind stark infiltriert und werden von polizeifeindlichen Anarchisten und regierungsfeindlichen Funktionären bevölkert.

Diese Leute führen Aktivitäten aus, die von den erklärten Ideologien der Antifa abweichen, wie z. B. das Angreifen von Strafverfolgungsbehörden (sowohl verbal als auch physisch) und von Unterstützern der Regierung.

Diese Entwicklung kann nicht von den Aktivitäten des tiefen Staates getrennt werden.

Sie fördern Rebellen in den Reihen der Antifa, um weiter Chaos zu verbreiten und den Frieden im Land zu stören.

Denn sie wussten, dass sie gezwungen sein würden, Vergeltung zu üben, wenn diese polizeifeindlichen Anarchisten die Ordnungskräfte angreifen.

Diese Reaktion würde dann den Medien des tiefen Staates

Material für ihre Propaganda liefern. Wenn sie jedoch über die Nachrichten berichten, werden sie die Anstiftungen der Antifa weglassen und stattdessen darüber berichten, wie die Polizisten die Demonstranten angegriffen haben.

Bei gewalttätigen Auseinandersetzungen sind einige Antifa dafür bekannt, dass sie ihre Fäuste benutzen, Ziegelsteine, Brechstangen, Ketten, Wasserflaschen usw. werfen.

Alles, was eine Antifa in den Händen hält, wenn die Gewalt beginnt, ist eine Waffe. Der tiefe Staat liefert diese Waffen auch an die Antifa und macht sie während der Proteste und sogar vor den Protesten leicht verfügbar.

Es ist bekannt, dass sie Giftgas einsetzen und Polizeibarrikaden durchbrechen. Sie sind immer vorbereitet und bereit für jede Auseinandersetzung mit der Polizei.

Bei den jüngsten Protesten, die die gesamten Vereinigten Staaten und einige Teile der Welt erfassten, nahmen die Aktivitäten der Antifa eine gewalttätigere und aggressivere Wendung. Dies wird im Rahmen der Geschichte des Falles George Floyd untersucht.

Dies zeigt nur, dass der tiefe Staat keine Gruppen unterstützt, sondern sich nur um seine Mission kümmert, Chaos bei den Unterstützern zu stiften.

Sie schaffen und verkünden Spaltungen unter den Massen und unterstützen jede Gruppe, um gegeneinander und gegen die Strafverfolgungsbehörden zu agitieren und zu kämpfen.

Während diese Gruppen glauben, dass sie für eine Sache kämpfen und protestieren, erfüllen sie in Wirklichkeit die Skripte des tiefen Staates.

Diese Liste ist jedoch nicht erschöpfend, da es weitere Gruppen gibt, die die Agenda des tiefen Staates ausführen.

Diese anderen Gruppen sind jedoch ein Zusammenschluss der oben genannten gewalttätigen Gruppen.

Abgesehen von den gewalttätigen Gruppen gibt es noch andere Möglichkeiten, wie der tiefe Staat bei Protesten Chaos stiftet und die Menge immer wieder zu Gewalt anstiftet. Sie tun dies durch die Aktivitäten der Agent Provokateure.

Agent Provokateure: Wer sind sie?

Agent Provokateure (französisch für Anstifter) sind Personen, die eine andere Person zu einer rechtswidrigen oder gewalttätigen Handlung anstiften oder provozieren.

Manchmal kann ein Agent Provokateur eine Person oder eine Gruppe von Personen fälschlicherweise der Beteiligung an einer illegalen Handlung bezichtigen, um der betreffenden Person oder Gruppe einen schlechten Ruf zu verschaffen.

Obwohl einige Agent Provokateure gewalttätigen Gruppen angehören, müssen sie nicht unbedingt Mitglied sein, bevor sie ihre teuflischen Taten ausführen.

In einigen Ländern, in denen Verschwörung ein schweres Vergehen ist, kann ein Agent Provokateur eine illegale Handlung mit einer Zielperson besprechen und planen und die Zielperson später vor oder während der Durchführung des Plans verraten.

Auch zu anderen Zeiten braucht ein Agent Provokateur nicht über das Verbrechen zu berichten, er muss nur eine Gruppe oder einen Protest infiltrieren, seine Taten ausführen und den Rest den Medien überlassen. Der tiefe Staat nutzt die Agent Provokateure, um friedliche Proteste oder Demonstrationen zu unterwandern, die nicht von ihnen organisiert werden.

Damit die Organisatoren und Demonstranten als gewalttätig bezeichnet werden können, wird der tiefe Staat Agenten in ihre Mitte einschleusen, die während der Proteste zu Gewalt anstiften sollen.

Der Agent Provokateur würde einen friedlichen Protest in einen gewalttätigen verwandeln, und sowohl die Regierung als auch die Öffentlichkeit würden den Organisatoren solcher Proteste die Schuld geben.

Auch die vom tiefen Staat geförderten Gruppen haben Agent Provokateure in ihren Reihen. Da die Mitgliedschaft in den Gruppen mehrere Kategorien von Personen im Staat umfasst, kann man mit Sicherheit sagen, dass nicht alle von ihnen gewalttätig oder kämpferisch sind.

Wann immer sich diese Gruppen an Protesten beteiligen, sind es die Provokateure unter ihnen, die die anderen zu Gewalt anstiften, oder wie das biblische Klischee "den ersten Stein werfen".

Der Fall George Floyd

In diesem Jahrzehnt gab es viele Proteste und Bewegungen, aber diejenige, die in allen Ecken und Winkeln der Vereinigten Staaten stark zu spüren war, ist der Protest gegen den Tod von George Floyd, der auch in einer neuen Blacks Lives Matter-Bewegung gipfelte.

Der Tod von George Floyd löste nicht nur Proteste in praktisch allen Bundesstaaten der USA aus, sondern auch in mehreren Teilen der Welt, darunter in Europa und Afrika, wurden Proteste organisiert. Viele Details über den Grund und die Ursache dieser Proteste werden in diesem Buch nicht behandelt; Sie können eine Menge Versionen darüber online lesen.

Wir werden uns jedoch mit dem Aspekt des tiefen Staates befassen und damit, wie er seine Vollstrecker richtig einsetzt, um während dieser Proteste Verbrechen zu begehen. Rassismus war schon immer eine der wichtigsten Karten in den Kassen des tiefen Staates.

Dies ist eine der sichersten Methoden, um Gewalt in einer Gesellschaft auszulösen und die Öffentlichkeit zu beeinflussen. Sie ziehen diese Karte immer zu strategisch günstigen Zeitpunkten, und es ist keine Überraschung, dass der Tod von Georg Floyd einige Monate vor den allgemeinen Wahlen in den USA stattfand.

Angesichts der Häufigkeit rassistischer Vorfälle, Proteste und Gegenproteste in den USA sollte man meinen, dass die Täter und die betroffenen Akteure ihre Lektion gelernt haben und aufhören, zum Rassismus aufzustacheln. Aber nein, der nächste rassistische Vorfall wartet schon an der nächsten Ecke auf uns.

Die Proteste gegen George Floyd und die Blacks Lives Matter-Bewegung gehören zu den Protesten, bei denen der tiefe Staat all seine Propagandamittel und -techniken einsetzt, um Unruhe im Land zu stiften.

Angefangen bei den Medien bis hin zu ihren Provokateuren sorgt der tiefe Staat dafür, dass er die Situation im Griff hat.

Man beachte, dass dieser Protest während der Covid-19-Periode und der Abriegelung stattfand, als alle Menschen aufgrund des Virus und der damit verbundenen Auswirkungen mit ihren Kräften am Ende waren.

Es war, als würde das Leben am Rande eines Abgrunds hängen, mit Menschen, die ängstlich und unsicher in die

Zukunft blicken. Der tiefe Staat hat die Situation um George Floyd und die anschließenden Proteste sorgfältig geplant und inszeniert, um die Vereinigten Staaten noch weiter an den Rand des Abgrunds zu bringen.

Plünderungen, Ausschreitungen und Morde waren an der Tagesordnung. Die Antifa verübte bei diesem Protest mehr Gewalt als bei den anderen Protesten, an denen sie beteiligt war. Anscheinend fanden die Angriffe und Ausschreitungen alle gleichzeitig statt.

Jedem aufmerksamen Beobachter fällt die Koordination der Anschläge auf und er erkennt, dass eine höhere Macht hinter der Gruppe steht.

So sollen in New York und einigen anderen Bundesstaaten mysteriöse Paletten mit Ziegelsteinen an Straßenecken und auf Parkplätzen aufgetaucht sein, noch bevor der Protest ausbrach.

Außerdem sollen bestimmte anarchistische Gruppen Kautionsgelder für den Fall gesammelt haben, dass ihre Mitglieder bei Protesten verhaftet werden.

Sie engagierten auch Sanitäter und medizinisches Fachpersonal, um ihnen zu helfen, falls sie sich bei den Auseinandersetzungen mit den Polizisten verletzen.

All diese Vorbereitungen zeigen, dass es bereits vor Beginn der Proteste in einigen Bundesstaaten Pläne zur Aufstachelung zur Gewalt gab.

Als Ergebnis dieser Organisation und Vorbereitung wurde viel Eigentum zerstört, und mehrere Menschen verloren bei diesen Protesten ihr Leben oder wurden verletzt.

Friedliche Proteste wurden schnell von Provokateuren infiltriert und verwandelten sich in Krawalle und Plünderungen von Geschäften.

Angesichts des Zusammenbruchs von Recht und Ordnung gehen mehrere lokale Gangs, die Antifa, die Linken und die Rechten aufeinander los und bekämpfen die Polizisten auf der Straße.

Die Antifa und andere Banden plünderten nicht nur in verschiedenen Gerichtsbezirken, sondern verübten auch Brandstiftung, indem sie mehrere Häuser nieder brannten.

All dies geschah, als ob die Gruppen ein Ziel verfolgten - jeden friedlichen Prozess zu untergraben und ihn in Gewalt umzuwandeln.

Zwar konnte die Krise die USA und die ganze Welt nicht in eine totale Katastrophe stürzen, wie es der tiefe Staat wollte, um seine Neue Weltordnung zu erreichen. Aber sie sind immer noch im Spiel. Man kann sich nur vorstellen, was ihr nächster Trick sein wird, und darauf vorbereitet sein.

Kapitel 9 Teile und Herrsche (Alle Gegen Alle)

Wie das beliebte Motto "Vereint stehen wir, geteilt fallen wir" besagt, ist genau das der Fall, wie die kleine Elite die Welt sieht.

Ein geeintes Volk ist ein Volk, das bereit ist, zusammenzuarbeiten und ein gemeinsames Ziel zu erreichen. Wenn ein Volk geeint ist, ist es sehr stark und furchterregend, und es wäre für jeden eine schwierige Aufgabe, es zu beherrschen oder sogar Rebellen in seinen Reihen zu installieren.

Ein geteiltes Volk würde jedoch bei einem Angriff von außen leicht zerfallen. Auch ohne äußere Einflüsse kann eine Nation, die zu sehr gespalten ist, keine umfassende Entwicklung erreichen und wird von innen heraus implodieren.

Der tiefe Staat versteht dieses Konzept sehr gut, und daher war es seit seiner Gründung sein wichtigster Modus Operandi, die Menschen entlang verschiedener Linien zu spalten und sie alle zu beherrschen. Diese Strategie wird seit Menschengedenken verfolgt.

In Anspielung auf die Bibel wird in Genesis 11:1-9 von einer Zeit berichtet, in der die ganze Welt eine Sprache und eine gemeinsame Sprache hatte; sie waren vereint. Eines Tages beschlossen sie, einen Turm zu bauen, der bis zum Himmel reicht, und sie begannen mit der Arbeit.

Sie waren mit diesem Projekt beschäftigt, als der Herr herab kam und sah, was die Menschen, die er geschaffen hatte, taten. Er beschloss, ihre Sprache zu verwirren und ihnen verschiedene Sprachen zu geben, damit sie einander nicht verstehen würden; sie zu entzweien.

Auf diese Weise gelang es ihm, sie zu entzweien und zu zerstreuen, weil sie sich nicht mehr verstehen konnten und deshalb uneinig waren.

Der Herr wusste damals, dass die Menschen, wenn er sie nicht teilte, weiter an dem Turm bauen würden, bis er den Himmel übersteigt und vielleicht seinen Wohnsitz erreicht.

„Teile und herrsche" ist auch eine wichtige Strategie, die von den europäischen Mächten zur Versklavung der Afrikaner und zur Kolonisierung mehrerer afrikanischer Siedlungen im 19. und frühen 20. Jahrhundert verwendet wurde.

Sie beherrschten mühelos Gebiete, in denen die Afrikaner untereinander zerstritten waren (wie die Goldküste, Fante und Asante)

In Gebieten, in denen sich die einheimische Bevölkerung als hartnäckig und geschlossen erwies, spalteten sie sie, indem sie Rebellen förderten, die als Kollaborateure fungierten und die Invasion der Europäer unterstützten.

Die Strategie des "Teile und Herrsche" half den Europäern auch, ihre Kolonien mehrere Jahre lang zu beherrschen. Diese Strategie wird auch heute noch von einigen Ländern angewandt, um die Verteidigung ihres Landes zu schwächen, doch der Meister der Strategie des "Teile und Herrsche" ist der tiefe Staat.

Die Elite arbeitet ständig daran, uns alle zu spalten und gegeneinander auszuspielen, hauptsächlich wegen ihrer geringen Größe.

Sie sind zwar einflussreich, vernetzt und mächtig, aber in Wirklichkeit sind wir immer noch viel mehr als sie, und wenn wir uns zusammenschließen, können wir durch unsere schiere Zahl ihre Pläne durchkreuzen und sie sogar aus ihren hohen und einflussreichen Positionen verdrängen.

Die kleinen Eliten sind sich dessen bewusst und sorgen deshalb dafür, dass sie uns spalten, um uns zu kontrollieren. Durch ihre Techniken und Organisationen sorgen die kleine Elite und der tiefe Staat dafür, dass sie die Massen in verschiedene Kategorien und Begriffe unterteilen.

Sie haben die Massen nicht nur gespalten, sondern die Eliten haben dafür gesorgt, dass sie sie in gegensätzliche Parteien aufteilen. Sie gaben den Massen mehrere Motive für ihre Uneinigkeit, und seither befinden sich die Massen in einem Interessenkonflikt.

Indem sie mehrere gegensätzliche Gruppen schufen, gaben sie den Massen verschiedene Ideologien und mehrere Motive, denen sie ihre Treue schwören konnten. Konflikte.

In diesen verschiedenen Gruppen schmieden die Menschen Pläne, schmieden Intrigen und bekämpfen sich gegenseitig, manchmal mit Gewalt. Während sie dies tun, schürt die kleine Elite die Flamme des Konflikts und gewinnt immer mehr an Macht und Einfluss.

Manchmal, wenn die kleine Elite eine Gruppe oder eine Reihe von Menschen ausfindig macht, die sich zusammenschließen und bereit sind, ein Ziel zu erreichen, das den Plänen der kleinen Elite zuwider läuft, schaffen sie heimlich einen Grund für eine Spaltung unter den Mitgliedern der Gruppe.

Durch die Spaltung des Volkes ist die kleine Elite in der Lage, zwei Ziele zu erreichen, die für ihren ultimativen Plan sehr wichtig sind.

Erstens wird die Elite durch die verschiedenen Konflikte, die derzeit infolge der Spaltung stattfinden, hin und wieder Zeuge des Chaos im Staat.

Zweitens: Während die Massen gegeneinander kämpfen, können die Eliten sie besser kontrollieren und ihre kurzfristigen Ziele mühelos erreichen.

Es ist jedoch wichtig festzuhalten, dass die Elite nicht alle Spaltungen geschaffen hat, die wir heute in der Welt haben.

Seit Anbeginn der Zeit gab es unterschiedliche Eigenschaften, die die Menschen voneinander unterscheiden.

Dazu gehören Rasse, Sprache, Hautfarbe und einige andere. Diese Merkmale reichen jedoch nicht aus, um ständige Konflikte zwischen den Menschen zu verursachen. Aber der tiefe Staat nutzt die Geschichte und die Propaganda, um die natürlichen Unterschiede zwischen uns zu Konfliktquellen zu machen.

Werfen wir einen Blick auf einige der populären Spaltungen, die der tiefe Staat nutzt, um Konflikte unter den Massen zu verursachen oder zu schüren.

Weiß gegen Schwarz

Von allen Trennungen, die es gibt, ist dieser natürliche Unterschied in der Hautfarbe das zuverlässigste Werkzeug in den Händen des tiefen Staates, um Konflikte zu schaffen und Chaos in der Welt zu verursachen.

Alles begann mit dem Sklavenhandel, der die Welt rund vierhundert Jahre lang in Atem hielt. Ein Handel, bei dem europäische Kaufleute mit schwarzen Sklaven handelten, die hauptsächlich aus Afrika stammten.

Durch den Sklavenhandel wurden viele Schwarze und Afrikaner gewaltsam aus ihrer früheren Heimat vertrieben und in europäische und amerikanische Gesellschaften umgesiedelt.

Schon bald begannen diese Afrikaner, die Gemeinden zu bevölkern, und als der Sklavenhandel endete, gab es bereits eine große Anzahl von Schwarzen in Amerika.

Seitdem befinden sich Weiße und Schwarze in den Vereinigten Staaten und anderen Teilen Europas in einem Krieg um Vorherrschaft und Überleben. Der tiefe Staat nutzt diese Spaltung, um Chaos zu stiften und den Staat zu destabilisieren.

Sie organisieren mehrere rassistische Verbrechen und nutzen dabei die Polizei, die auf ihrer Gehaltsliste steht, weil sie wissen, dass die schwarze Gemeinschaft in Amerika darauf reagieren würde.

Über die Medien übertreiben sie jedes rassistische Ereignis und appellieren an die Emotionen beider Seiten, indem sie Probleme so manipulieren, dass sie schlimmer erscheinen, als sie sind. Sie tun dies um die Angst vor einer anderen Farbe in den Köpfen der Zuschauer zu schüren. Bald führten diese Aktionen zu Gegenreaktionen, bei denen Proteste und Bewegungen organisiert wurden.

Ihrem Plan folgend sind die Vollstrecker des tiefen Staates immer vor Ort, um die Gewalt anzustacheln. Die Dinge beruhigen sich für eine Weile und der Kreislauf beginnt von vorn.

Alt gegen Jung

Durch die Aktivitäten des tiefen Staates können wir nicht einmal mehr unsere alten Leute wertschätzen. Die Jugend wird dazu gebracht, sich die Alten als unmodern, altmodisch und hässlich vorzustellen.

Wenn der jüngere und vielfältige Teil der Bevölkerung das Erwachsenenalter erreicht, beginnt er, die deutliche Kluft zwischen ihm und den alten Leuten auf der Grundlage religiöser, wirtschaftlicher und politischer Interessen zu bemerken.

Diese Kluft hat dazu geführt, dass die jungen Leute die alten Menschen als nutzlos und als Belastung ansehen. Viele junge Erwachsene wollen nicht mit der Verantwortung für die Pflege ihrer Alten belastet werden.

Der tiefe Staat trägt auch nicht zu diesem Narrativ bei, indem er die Propaganda verbreitet, dass junge Menschen alles besser können und alte Menschen ihre besten Jahre hinter sich haben, um nützlich zu sein.

Alte Menschen werden auch dazu gebracht, die Jugend als ein zielloses Leben zu betrachten. Weil sie nicht wieder Jugendliche sein oder wie Jugendliche leben können, lehrt der tiefe Staat die alten Menschen, die Jugend zu verachten.

Dies führt zwar nicht zu Konflikten in der Gesellschaft, aber es zerstört das kulturelle Gefüge der Gesellschaft, es schafft eine psychologische Feindschaft, die verhindert, dass Alt und Jung voneinander profitieren.

Öffentlichkeit vs. Polizei

Der polizeiliche Arm des Sicherheitsapparats eines Staates wurde geschaffen, um Recht und Ordnung durchzusetzen, aber vor allem, um Leben und Eigentum der Bürger zu schützen.

Sie sollen die Freunde der Massen und die erste Anlaufstelle für Sicherheitsnotfälle und Hilfe sein.

Im Laufe der Zeit ist es dem tiefen Staat jedoch gelungen, eine Kluft zwischen diesen beiden Einheiten zu schaffen. Vom tiefen Staat gesponserte abtrünnige Polizisten begehen bei der Ausübung ihrer offiziellen Pflichten Verbrechen, insbesondere rassistische Straftaten.

Der tiefe Staat nutzt dann seine Propagandamaschinen - die Medien - um diese Verbrechen zu übertreiben und die Menschen zu manipulieren.

Schon bald wird ein großer Teil der Öffentlichkeit beginnen, die Polizisten als ihre Feinde zu betrachten.

Die Aktivitäten einiger Vollstrecker des tiefen Staates wie der Antifa und der Agent Provokateure haben ebenfalls dazu beigetragen, diese Spaltung zu verdeutlichen, da sie bei Protesten Polizisten angreifen und zu Gewalt gegen sie anstiften.

Die Wahrheit ist, dass ein Staat, in dem die Öffentlichkeit die Polizei als Feind ansieht, immer im Chaos versinken würde. Da die Öffentlichkeit der Polizei nicht mehr vertraut und umgekehrt, wäre die Wiederherstellung von Recht und Ordnung eine schwierige Aufgabe, denn Sicherheit erfordert Zusammenarbeit.

Der tiefe Staat hat auch einige Polizisten dazu gebracht, bestimmte Personengruppen in der Gesellschaft als ihre Feinde zu betrachten. Beispielsweise wie einige weiße Polizisten der Südstaaten Schwarze als ihre Feinde betrachten.

Sexualität vs. Sexualität (heterosexuell vs. LGBT)

Dies ist eine Kluft, die sowohl online als auch offline zu vielen Kontroversen und bösem Blut zwischen Heterosexuellen und Schwulen geführt hat.

Während einige Menschen dem Thema neutral gegenüberstehen, gibt es auf der extremen Rechten (Heterosexuelle) mehrere Menschen, die glauben, dass die Welt von LGBT befreit werden sollte.

Diese Menschen sehen LGBT-Menschen und ihre Verbündeten als unkultivierte, dumme, seltsame Schwuchteln an. Sie diskriminieren sie und glauben, dass sie wie Untermenschen behandelt werden sollten - ohne Würde und Respekt.

In einigen Ländern gilt LGBT sogar als Straftat, die mit mehrjährigen Haftstrafen geahndet wird.

Es gibt auch einige Menschen auf der äußersten Linken (LGBT), die nicht nur an eine "Leben und leben lassen"-Welt glauben, sondern auch an eine Welt, in der jeder, unabhängig von seiner sexuellen Orientierung, mit Respekt und Würde behandelt werden würde.

Mehrere Hetero- und LGBT-Bewegungen stellen die Überzeugungen und Aktivitäten der jeweils anderen Seite online und offline in Frage.

Manchmal kommt es zu gewalttätigen und tödlichen Auseinandersetzungen zwischen diesen beiden Gruppen.

Der Grund für die Feindschaft zwischen Heteros und LGBT kann nicht von den Aktivitäten des tiefen Staates getrennt werden. Er sponsert mehrere Gruppen, die zu beiden Gruppen gehören, und hetzt sie gegeneinander auf.

Indem die kleine Elite diese Spaltung herbeiführt und zum Ausdruck bringt, sorgt sie dafür, dass sich die Öffentlichkeit niemals vereint oder einig ist.

Dies könnte der Grund dafür sein, dass sie seit vielen Jahren eine mächtige und einflussreiche Position innehaben.

Wir werden weiter untersuchen, wie der tiefe Staat jede einzelne Gruppe und Klasse in den Vereinigten Staaten manipuliert hat.

Manipulation der Jugend

Einer der größten Pläne des "Tiefen Staates" ist die strategische Planung eines manipulativen Eindringens in die Jugend. Vor einigen Jahren betonte Mary McLeod Bethune enthusiastisch die Macht der Jugend.

Sie sagte: "Jeder Jugendliche hat das Potenzial, zu einer wichtigen Kraft in seiner Gemeinschaft zu werden, und es liegt in seiner Hand, wie er diese Kraft einsetzt". Ohne den geringsten Zweifel sprach sie die Wahrheit.

Die Jugend spielt in jeder Gemeinschaft eine große Rolle für ihr gegenwärtiges und zukünftiges Wachstum. Es ist aber auch bekannt, dass jugendlicher Überschwang bei der Entscheidungsfindung eine Rolle spielt.

Dies hat die Jugend zu einem leichten Ziel für die Manipulation durch den Tiefen Staat gemacht. Darüber hinaus werden die meisten Manipulationsmittel des Tiefen Staates in Form von Klick-Ködern eingesetzt, die die durchschnittlichen Jugendlichen anlocken.

In den Händen des Tiefen Staates ist der Einsatz von Rahmenkontrolle[2] zu einem mächtigen Instrument der Manipulation der Jugend geworden. Sogar von innen heraus ist

---

2   Rahmenkontrolle (Frame-Control) bezieht sich auf die Gesamtheit der Fähigkeiten und Einstellungen, mit denen Sie soziale Interaktionen und zwischenmenschliche Beziehungen kontrollieren. Wenn Sie die Kontrolle über Ihren Rahmen haben, "spielen die Leute nach Ihren Regeln". Sie akzeptieren Ihren Rahmen, Ihre Werte, Ihre Moralvorstellungen und Ihre Vorannahmen. Und sie akzeptieren Ihre Führung.

der Tiefe Staat in der Lage, den Handlungen und Entscheidungen der Jugend seinen Stempel aufzudrücken.

Der tiefe Staat hat es geschafft, die Jugend in seine Realität einzubinden, indem er dafür gesorgt hat, dass sie die Dinge aus seiner Perspektive sieht.

In diesem Szenario hat der tiefe Staat das Sagen und übt seine Autorität aus, indem er die Denkweise der Jugend kontrolliert.

Das System der Rahmenkontrolle funktioniert so, dass der eine kontrolliert und der andere beherrscht wird. Und in diesem Fall werden die Jugendlichen manipuliert, während der Tiefe Staat seine Macht über sie ausübt.

Dale Carnegie, ein amerikanischer Schriftsteller und Verfechter der Selbstverbesserung, hatte einen Begriff aufgestellt, mit dem sich leicht erklären lässt, warum Jugendliche leicht manipuliert werden können.

Er sagte: "Die einzige Möglichkeit, jemanden dazu zu bringen, eine verlangte Tätigkeit auszuführen, besteht darin, die Person dazu zu bringen, die Notwendigkeit zu sehen, sie zu tun."

Im Laufe der Jahre haben sich die Worte von Dale als wahr erwiesen. Jugendliche lieben es, das zu tun, was sie wollen, und nicht das, was man ihnen sagt. Wie bringt man also die Jugend dazu, das zu tun, was man will?

Der Tiefe Staat verfolgt eine Strategie, die die Jugend nicht nur dazu bringt, seine Befehle auszuführen, sondern ihnen auch den Eindruck vermittelt, dass sie es für sich selbst tun.

In vielerlei Hinsicht pflanzt der tiefe Staat Ideen und Meinungen in die Köpfe Jugendlicher und lässt sie zu einer Schlussfolgerung kommen.

In den Augen der Jugendlichen hatten sie eine Entscheidung getroffen, ohne den massiven Einfluss des Tiefen Staates zu erkennen. Dies ist eine der größten Täuschungen aller Zeiten. Gut gespielt Deep State.

Um die Art von Vermächtnis zu schaffen, die der Tiefe Staat in den vielen Jahren seines Bestehens geschaffen hat – ein Vermächtnis voller verräterischer und versteckter Absichten – mussten Lügen und Übertreibungen ins Spiel gebracht werden.

Und leider sind die Jugendlichen am anfälligsten für diese Lügen und Übertreibungen. Der tiefe Staat hat die Jugend in vielerlei Hinsicht belogen. Zum Beispiel versucht er, ihnen das Gefühl zu geben, wichtig zu sein, aber in Wirklichkeit sind sie nur wichtige Bauern, die geopfert werden müssen, damit sie in ihrem geheimen Schachspiel vorankommen.

Alle Handlungen zur Darstellung des Wesens der Jugend in der Gesellschaft waren nur ein kleiner Teil ihres ausgeklügelten Plans der Täuschung.

Übertreibung ihres Einflusses in der Gesellschaft war nur ein cleveres Spiel mit ihrer Psyche - eine Vorbereitungsphase für ihren großen Plan.

Haben Sie schon einmal eine Münze geworfen? Wie fühlen Sie sich, wenn Sie eine Münze geworfen haben, die immer wieder Kopf zeigt? Sie sind ganz schön aufgeregt, oder? Auf jeden Fall.

Ähnlich wie in diesem Szenario beherrscht der tiefe Staat die Kunst des einseitigen Gebens, das ihn in den Augen der Jugend in das Rampenlicht des Guten und als nachahmenswerten Helden stellt.

Die konsequente Verbreitung unausgewogener und parteiischer Nachrichten ist zur Tagesordnung geworden. Um das Urteilsvermögen der Jugendlichen zu beeinflussen, musste der "Deep State" die Medien nach seinen Vorstellungen umgestalten.

Es ist eine bekannte Tatsache, dass die Medien eine massive Rolle bei der Beeinflussung der öffentlichen Entscheidungsfindung spielen. Seitdem die Partnerschaft zwischen den Medien und dem Tiefen Staat geschlossen wurde, werden nur noch Nachrichten veröffentlicht, die die Agenda des abscheulichen Tiefen Staates fördern.

Jede Nachricht, die dem widersprach, wurde entweder als nicht veröffentlichungswürdig oder als schlecht dargestellt. Aus diesem Grund konnte die Jugend nur nach dem urteilen, was sie sah oder hörte, und jedes Mal fiel das Urteil zugunsten des Tiefen Staates.

Ein großer Weiser hat einmal in einem schriftlichen Artikel festgestellt: "Der beste Weg, eine Person zu manipulieren, ist, sie dazu zu bringen, sich zu binden".

Diese Worte der Weisheit sind erprobt und vertrauenswürdig, und niemand weiß besser um ihre immense Wirkung als der Tiefe Staat.

So hat der tiefe Staat jedem Jugendlichen verlockend das Zuckerbrot vor die Nase gehalten, um ihn dazu zu bringen, sich auf seine trügerische systematische Planung einzulassen.

In jüngster Zeit haben sie Plattformen geschaffen, auf denen Jugendliche ihre vielfältigen Fähigkeiten kaufen und verkaufen können. Das hört sich doch gut an, oder? Das tut es auch, aber in Wirklichkeit zielt es darauf ab, sie vom eigentlichen Geschäft abzulenken.

Vor einigen Jahren waren sie eigentlich Jugendaktivisten,

die dafür kämpften, dass die Jugend alles bekommt, was ihr rechtmäßig zusteht.

Aber mit dem jüngsten Engagement für die Jugend ist das nicht mehr möglich.

Der tiefe Staat hat der Jugend strategisch eine Erfahrung mit der Spitze des Eisbergs gegeben und sie so gesund gemacht, dass sie nicht mehr an den Eisberg selbst denken. Ein ziemlich cleverer Schachzug. Das ist tatsächlich ein witziger technischer Knockout-Schritt.

Es gibt einen kleinen Trick, den Eltern anwenden, um ihren Kindern ihre Wünsche aufzudrängen, ohne dabei aufdringlich zu wirken. Zum Beispiel: "Hilfst du mir beim Einkaufen im Einkaufszentrum, jetzt oder später?

Es sieht so aus, als ob das Kind hier ein Mitspracherecht hat, aber wenn Sie das kritisch analysieren, werden Sie feststellen, dass das alles nur gespielt war. Meistens entscheidet sich das Kind dafür, sofort eine Besorgung zu machen, mit der Absicht, sich später auszuruhen, und das ist eigentlich das, was die Eltern wollten.

Die Frage war nur ein Ablenkungsmanöver mit Zuckerguss. Was hat das nun mit der Jugend und dem Tiefen Staat zu tun?

Oftmals liegt es in den Händen der Jugendlichen, die überzeugenden Aussagen des Tiefen Staates zu ignorieren oder zu akzeptieren. Während einige den eindringlichen Worten nachgeben, tun es andere nicht.

Aber das ist alles Teil des großen Plans. Sie wissen, dass nicht alle auf einmal zustimmen werden. Also legen sie immer mehr überzeugende Beweise vor, bis alle zustimmen. Es kommt also darauf an, wann sie zustimmen und nicht, ob sie zustimmen werden.

In den letzten Jahren hat sich die Werbeindustrie so entwickelt, dass Jugendliche sich leicht mit ihr identifizieren können. Ein prominenter Inhaltsersteller in New York sagte einmal: "Um in der Branche der Inhaltserstellung relevant zu bleiben, musste er lernen, sexuelle Inhalte zu erstellen".

Die Strategie "Sex verkauft gut" wurde von vielen Werbeindustrien übernommen, die unbedingt ihre Relevanz in der Branche erhalten wollten. Für jeden jungen Mann und jede junge Frau ist Sex ein immenser Auslöser.

Wenn man einmal daran gezogen hat, ist es nicht mehr aufzuhalten. Daher hat sich der tiefe Staat dies zunutze gemacht und immer wieder kryptische Botschaften mit sexuellem Inhalt an die Jugend weitergegeben.

Geben Sie den Jugendlichen Inhalte, mit denen sie konfrontiert sind, lenken Sie sie von der Hauptbotschaft ab.

Es ist eine weltweit bekannte Tatsache, dass Wissen Macht ist. Das bedeutet, dass die Art des Wissens, über das Sie verfügen, über Ihren Erfolg oder Misserfolg entscheiden kann.

Es heißt auch, dass derjenige, der über das Wissen verfügt, das Sie suchen, und es mit Ihnen teilen möchte, sich dafür entscheiden kann, es in Teilen oder in großen Mengen weiterzugeben.

Letzteres beschreibt die Rolle des Tiefen Staates in vollem Umfang, während ersteres die Jugend ins Spiel bringt. Der Tiefe Staat kontrolliert einen extrem großen Teil des Wirtschaftssystems.

Daher kontrollieren sie jede Informationsquelle oder Wissensquelle, einschließlich der Zeitungen, Datenbanken, Zeitschriften und so weiter. Alles unter der Autorität und

Kontrolle des Tiefen Staates.

Mit dieser Macht, die dem Tiefen Staat verliehen wurde, ist es einfacher, Sie mit Informationsfetzen zu füttern und zu kontrollieren, was Sie über die Geschehnisse im Zusammenhang mit ihrer Regierung wissen.

Wenn es etwas gibt, das die rasche hormonelle Ausschüttung von Adrenalin auslöst, dann ist es Angst. Die Römer bauten ihr Reich auf, indem sie rivalisierende Länder und ihre eigene Bevölkerung in Angst versetzten. Das spricht Bände über die Wirksamkeit von Angst.

Indem er der Jugend im Unterbewusstsein Angst einflößt war der tiefe Staat in der Lage, seinen ausgeklügelten Plan ohne Einwände oder Hindernisse effektiv auszuführen.

Es gab schon früher Fälle, in denen falsche, aber beängstigende Fälle erfunden wurden, nur damit die Jugend einen Grund sah, ihre Regierung als Zuflucht zu betrachten.

Dies ließ den Verdacht aufkommen, dass die Entstehung des Coronavirus nur vorgetäuscht wurde, um den Plan des Tiefen Staates nicht zu behindern, der bereits im Gange war.

Eine der größten Eigenschaften des Tiefen Staates ist seine Fähigkeit, die Gedanken der Jugendlichen zu vergiften, indem er ihre Wahrnehmungen über bestimmte Personen lenkt und umleitet.

Dies ist einfach das, was viele als "schmutzige politische Tricks" bezeichnet haben, während andere dafür den Begriff "Politricks" geprägt haben.

Die treibende Kraft hinter der Regierung ist der "Tiefe Staat". Während die meisten mit ihren Aktivitäten übereinstimmen, gibt es auch einige wenige, die sich gegen ihre Machenschaften wehren, und diese werden die Weißhüte genannt.

Um eine vollständige Offenlegung der Aktivitäten hinter den Kulissen der Regierung zu verhindern, erhebt der "Tiefe Staat" in Zusammenarbeit mit den Mainstream-Medien falsche Anschuldigungen gegen die Kontrahenten.

Dies befleckt das Image der betroffenen Person und zieht ihren Namen in den Schmutz. Das ist es, was die Jugendlichen sehen und worauf sie ihre Urteile oder Schlussfolgerungen gründen.

Im perfekten Deep State-Szenario wird der Schurke zum Helden und der Held zum Schurken. Was für eine Wendung. Aber unglücklicherweise für die Weißmützen ist dies das Bild, das die Jugendlichen sehen, ohne zu wissen, dass die Bilder, die sie sehen, oder die Töne, die sie hören, alle manipuliert sind.

Einige Male hatte die Regierung der Vereinigten Staaten von Amerika das Opfer gespielt, um ihre wahren Absichten zu verbergen.

Während des Ausbruchs der Coronavirus-Pandemie hielt der tiefe Staat den Zeitpunkt für günstig, um bestimmte Privilegien zu nutzen, zeichnete aber der Öffentlichkeit ein völlig anderes Bild. Es tauchten bedauernswerte Aussagen auf. Aussagen wie die Jugend ist das Rückgrat unseres Landes, aber derzeit sind uns die Hände gebunden, so dass wir das geplante Jugendförderprogramm nicht unterstützen können.

Ein Großteil der Steuereinnahmen des Landes fließt in den Kampf gegen das Coronavirus.

„Wir haben das nicht kommen sehen und konnten uns daher nicht angemessen vorbereiten. Und um weitere ungewollte Überraschungen zu vermeiden, mussten wir viel

Geld in die Hand nehmen."

„Die Finanzkraft des Landes ist in einer schwierigen Lage. Auch wir, die Regierung, brauchen Hilfe in diesen schwierigen Zeiten."

Äußerst überzeugend, nicht wahr? Aber das war alles nur Fassade, um die Bevölkerung des Landes, insbesondere die Jugend, für die Regierungsmassnahmen einzuvernehmen.

Es war alles unwahr. Dies ist wahrscheinlich einer der Fälle, die den Standard des Betrugs, den H. B. O's bahnbrechender Film GAME OF THRONES gesetzt hat, übertreffen. Dies war ein Spiel des reinen Betrugs.

Wenn sich eine starke Kraft mit einer anderen starken Kraft verbindet, ist der daraus resultierende Ertrag immer außergewöhnlich.

Dieser Effekt tritt ein, wenn der tiefe Staat den bereits vorhandenen Einfluss der sozialen Medien zu seinen Gunsten nutzt. Seit der Einführung der sozialen Medien hat eine bemerkenswerte Anzahl Jugendlicher Trost in der Interaktion auf den verschiedenen Plattformen gefunden.

Dadurch wurde es für den Tiefen Staat viel einfacher, ihre Entscheidungen und ihr Urteilsvermögen zu beeinflussen. In der Tat haben die manipulativen Handlungen des Tiefen Staates in den letzten Jahren immensen Erfolg gehabt, aber wenn man die Auswirkungen auf die Jugend sieht, muss dem definitiv ein Ende gesetzt werden.

Manipulation der Alten

Eine der am meisten geglaubten Ideologien, die der tiefe Staat verkauft, ist diejenige, die besagt, dass "alte Leute in der Gemeinschaft nicht manipuliert werden können". Aber indem man die Köpfe der älteren Menschen gegen jede Bewegung und Handlung der Jugend wendet, passiert es eben doch.

Die älteren Menschen fallen auf die Manipulation herein, ohne es zu bemerken.

Sie sind der Meinung, dass Manipulation nur im Kreis der Jugendlichen vorkommt, da sie zu experimentierfreudig seien.

Was sie jedoch nicht erkennen, ist, dass die größte Manipulationsstrategie aller Zeiten nur bei denjenigen funktioniert, die glauben, nicht manipuliert werden zu können, und die so ihre Deckung fallen lassen.

Daher hat der "Tiefe Staat" seine Pläne geschmiedet, um auf bequeme Art und Weise zu den führenden Köpfen der Gemeinschaft vorzudringen.

Wahrheit ist, dass es ziemlich schwierig sein kann, eine alte Person dazu zu bringen, sich Ihrem Willen zu beugen, da sie im Laufe der Jahre eine große Menge an Wissen angesammelt hat.

So sehr dies als große Stärke erscheint, so sehr ist es auch ihre Schwäche.

Eine Möglichkeit, die sich im Laufe der Jahre bewährt hat, besteht darin, einen überzeugenden Vergleich zwischen Alt und Jung anzustellen, die Alten in den höchsten Tönen zu loben und das Wesentliche der Jugend herunterzuspielen. Das ist klug. Finden Sie nicht auch? Es ist wirklich sehr klug.

Die meisten alten Frauen und Männer sind der festen Überzeugung, dass sie eine Immunität aufgebaut haben, die sie deutlich von der jungen Generation abhebt.

Wer würde sich nach all den Erfahrungen, die er gesammelt hat, nicht sicher immun fühlen? Aber vergessen Sie nicht, dass ein Virus am effektivsten eindringt, wenn sich der Wirt sicher fühlt, weil er dann nicht in der Lage ist, auf seine langsame, aber stetig wachsende Präsenz zu reagieren. Und in kürzester Zeit übernimmt es die Oberhand und dominiert das Immunsystem, bis es sich nicht mehr wehren kann.

Dies ist die gleiche Strategie, die der Tiefe Staat bei seinen manipulativen Geschäften mit den Alten anwendet.

Die Manipulation eines Senioren beruht auf dem Verständnis von Zeit und Zufall. Zu wissen, wann und wie man eine große Diskrepanz zwischen Jung und Alt schafft, ist ein großartiges Werkzeug in den Händen des Tiefen Staates.

Wenn es etwas gibt, worauf der Tiefe Staat sein Fundament aufgebaut hat, dann ist es das Wissen, wann man zuschlägt, solange das Eisen heiß ist; ohne Rücksicht darauf, wen oder wo es trifft.

Es ist eine Sache, den richtigen Zeitpunkt zum Zuschlagen zu kennen, und eine andere, zuzuschlagen und gut zuzuschlagen.

Im Laufe der Jahre, in denen der "Tiefe Staat" existiert, haben sie sich erfolgreich einen immensen Scharfsinn in Bezug auf die älteren Menschen in der Gesellschaft angeeignet.

Das hat ihre Manipulation etwas einfacher gemacht, ohne zu verharmlosen, wie schwierig es ist, die alten zu manipulieren.

Mit einem großartigen Verständnis dafür, wann man den Zeitpunkt und die strategische Positionierung nutzen sollte, um den Moment zu nutzen.

Man kann ohne weiteres sagen, dass die Personen, die hinter dem Tiefen Staat stehen, große Denker und strategische Planer sind.

"Es mag dauern, aber man kann einen älteren Menschen manipulieren", sagte ein großer Philosoph. "Alles, was man tun muss, ist mit ihren Gefühlen zu spielen", schloss er. Klingt unangenehm, oder? Dennoch steckt in dieser Aussage eine Menge Wahrheit.

Der tiefe Staat ist sich dessen voll bewusst, denn er nutzt es offensichtlich zu seinem Vorteil. So gerne man auch glauben möchte, wie schwierig es ist, einen älteren Menschen zu überreden, so sehr neigen wir dazu, die Tatsache zu übersehen, dass sie eigentlich emotionale Wesen sind.

Das beliebteste Konzept, das der Jugend verkauft wird, lautet: "Alte Leute haben den Klimawandel verursacht, weil sie sich nicht um die jüngere Generation kümmern". Ein merkwürdiges Konzept, oder? Wer denkt auf diese Weise? Sie haben die Antwort bereits - die Jugend, die vom Tiefen Staat indoktriniert wird.

Die Leute, die sie verteidigten, bezeichneten solche Äußerungen als falsch und völlig erniedrigend. Dies ist genau der Ort und die Stelle, an der der Tiefe Staat die älteren Menschen braucht, um die nächste Phase ihres abscheulichen Plans einzuleiten.

Indem er eine Gegenstrategie gegen die Jugend anbietet, kann der tiefe Staat die Alten freikaufen.

Es ist keine verborgene Tatsache, dass Manipulation nur auf der Grundlage von Vertrauen erfolgen kann. Es ist ziemlich schwierig, von jemandem manipuliert zu werden, dem man nicht vertraut.

Es gibt sehr seltene Fälle von Manipulation, die kein Vertrauen voraussetzen. Daher muss man seine Beute dazu bringen, einem zu vertrauen, bevor man sie in die Falle locken kann, so wie ein Fischer einen Köder benutzt, um den Fischen vorzugaukeln, dass er sich um ihr Wohlergehen kümmert, obwohl er nur die Absicht hat, ein Geschäft mit ihnen zu machen.

Ähnlich wie in diesem Szenario nutzt der tiefe Staat Vertrauen als Köder, um die Alten in eine Falle zu locken, damit sie sich ihren Gedanken und Handlungen anschließen. Sie locken mit dem Köder ihrer Unterstützung für die Jugend. Und wenn der alte Mensch erst einmal in die Fänge des Tiefen Staates geraten ist, ist es nur noch eine Frage der Zeit. Es ist dann nur noch eine Frage der Zeit und nicht mehr des Wie, bis der Tiefe Staat sie seinem Willen unterwirft. Ziemlich schlau.

Wenn Sie schon einmal die bittere Erfahrung gemacht haben, dass Sie es mit einer Person zu tun hatten, die Ihnen gegenüber so selbstlos war. Dann wissen Sie, dass die Älteren anfälliger für diese strategischen Pläne sind.

Je mehr sie mit zunehmendem Alter schwächer werden, desto mehr brauchen sie ein Zeichen der Liebe, eine ausgestreckte Hand der Freundschaft, Gesellschaft und was sonst noch alles. Daran sind sie nicht schuld, und leider spielt das dem tiefen Staat in die Hände.

Die einzige Hand der Freundschaft, die von den Alten mit Freude angenommen wird, ist diejenige, die sie an ihr Wesentliches bei der Entwicklung der heutigen Jugend erinnert.

Wie aufopferungsvoll und engagiert sie sich für eine gerechte Sache einsetzen, um eine bessere Zukunft für die heranwachsende Generation zu schaffen. Dies ist eine Rolle, die der Tiefe Staat geschickt spielt.

Wie bringt man jemanden dazu, sich nahtlos seiner Autorität zu unterwerfen? Ganz einfach! Bluffen Sie. Bringen Sie Angst in die Herzen und das Unterbewusstsein Ihres Opfers, bis es Ihnen zur Beute wird.

So ist es in der Vergangenheit gemacht worden, und der tiefe Staat folgt nur diesen Schritten.

Auch wenn die Absicht des Tiefen Staates nicht darin besteht, Schreckensszenarien für ältere Menschen zu schaffen, so muss es doch so aussehen, damit sie sich den Plänen beugen, die sie in Gang gesetzt haben.

Wie allgemein bekannt ist, sind die Medien die beste Waffe, um den Älteren in der Gesellschaft Angst einzujagen.

Hier ist ein leicht nachvollziehbares Beispiel: Die Regierung behauptet, dass die über 60-Jährigen ohne die Einarbeitung der Jugendlichen an ihren Arbeitsplätzen aus dem Job gedrängt würden.

Oder ohne die Unterstützung eines wichtigen Jugendlichen wird ihnen der Zugang zu einem guten Gesundheits- und Pflegesystem verwehrt - was eigentlich ihr Recht ist.

Dem schmutzigen Spiel der Manipulation, dem System des Tiefen Staates sind sie hilflos ausgeliefert.

Um die Aufmerksamkeit älterer Menschen zu erregen, kann man leicht übertreiben und Geschichten aus kleinsten Details erfinden. Alles nur, um sicherzustellen, dass Ihr Publikum am richtigen Ort und zur richtigen Zeit anwesend ist.

Dies ist eine große Waffe im Arsenal des Tiefen Staates. Sie haben gelernt und entdeckt, dass die Machtdemonstration der Alten gegenüber der Jugend die Aufmerksamkeit der Älteren auf sich zieht, und sie haben sie modifiziert, um ihren Plänen zu entsprechen.

Während Übertreibung in einer Comic-Illustration eine lustige Sache sein kann, wird sie in den Händen des Tiefen Staates zu einer Waffe der Massenmanipulation, insbesondere in Bezug auf die alten.

Jede Nachricht, die über die Jugend berichtet wird, ist manipuliert, Bild und Ton inklusive.

Woher wissen die Alten, dass alles, was sie in den Medien hören und sehen, infiltriert und übertrieben ist? Woher wissen sie, dass dies alles ein großer Teil des gut durchdachten Plans des Tiefen Staates ist? Sie wissen es wirklich nicht. Wie schade.

Wie sehr die meisten auch fordern, dass die Alten in der Gesellschaft ausrangiert oder auf die hinteren Bänke verschoben und von der Spitze verdrängt werden müssen - ein Antrag, der von der Jugend initiiert wurde -, die alten Mitglieder sind immer noch sehr wichtig.

Der Tiefe Staat hat dies erkannt und die Initiative ergriffen, indem er den Stier bei den Hörnern packte. Und bisher hat sie in allen Facetten ihrer Pläne für das Jetzt und die Zukunft inklusive immenser Erfolge gefruchtet.

Um die Wirksamkeit der manipulativen Pläne des Tiefen Staates zu stoppen, bedarf es einer ganzen Reihe entschlossener, selbstbewusster alter Machthaber, die erkennen, dass sie manipuliert werden und denken, ihr Kampf sei gegen die Jugend und nicht gegen den Tiefen Staat gerichtet. Bis dahin würden sie sich weiterhin blind dem Willen des Tiefen Staates beugen. Der Tiefe Staat wird weiterhin die Oberhand haben.

Manipulation der Männer

Hat man Ihnen schon einmal gesagt, Sie sollten eine bestimmte Person meiden? Oder wurde Ihr Geist mit bösen

Gedanken über den vergangenen oder gegenwärtigen Lebensstil einer Person vergiftet, die im Grunde nur ausgedacht waren? Ja, das ist sicher schon vorgekommen.

Wenn Sie also schon einmal diese Erfahrung gemacht haben, können Sie sich durchaus in die Lage des Mannes versetzen, wenn es um das andere Geschlecht geht.

Obwohl all dies auf den manipulativen Plan des Tiefen Staates zurückzuführen ist, ohne dass der Mann davon weiß.

Indem die Frauen ins Rampenlicht der Korruption gerückt wurden, hat der Deep State den Männern beigebracht und sie darauf vorbereitet, den Frauen unwissend den Rücken zu zu kehren.

Dadurch entstand eine Kluft zwischen dem Mann und der Frau. Schrecklich, nicht wahr? Auf jeden Fall! Es sollte nicht so sein, aber es ist, wie es ist.

Als Reaktion auf die Entstehung des Feminismus, der die Männer als durch und durch verdorben unter die Lupe nehmen wollte, entstanden die MGTOW[3] und Incels[4], die zu

---

3 Wikipedia: „Men Going Their Own Way (**MGTOW** /'mɪgtaʊ/, deutsch „Männer, die ihren eigenen Weg gehen") ist eine antifeministische und misogyne Online-Community, die Männer dazu aufruft, Kontakte zu Frauen zu unterlassen, beziehungsweise die Bindung an eine Frau durch eine Ehe oder eheähnliche Gemeinschaft ablehnt. Im Gegensatz zu der Männerrechtsbewegung glaubt die MGTOW-Bewegung, dass die ihrer Auffassung nach zu verweiblichte und gynozentrische Gesellschaft nicht verändert werden könne, und propagiert daher, dass Männer „ihren eigenen Weg" unabhängig von der Gesellschaft gehen müssten."

4 Wikipedia: **Incel** (Kofferwort aus involuntary, dem englischen Wort für ‚unfreiwillig', und celibate, dem englischen Wort für ‚sexuell enthaltsam', wörtlich: ‚zölibatär') ist die Selbstbe-

einer von den Männern geschaffenen Nische wurden, um die Meinung der Frauen zu negieren.

Diese Ungleichheit zwischen den beiden Geschlechtern bedeutete, dass die Männer ihre eigene Plattform schaffen mussten, um den korrupten Anschuldigungen entgegenzuwirken, die ihnen vom anderen Geschlecht unter geschoben wurden.

Allerdings kann ein kleiner Streit hier und da nie schaden. Die Erklärung der Männer als korrupt durch die Weiber, die eine Reaktion der Männer auslöste, die daraufhin mit Feuereifer ihren eigenen Verteidigungs- und Angriffsmechanismus aufbauten, hat es auf die Spitze getrieben.

Was mit einem Funken begann, hatte sich zu einer großen Flamme entwickelt, die alle Beteiligten - Männer und Frauen - verbrannte.

Wenn das Weib das Feuer entfacht und die Männer daraufhin das Lauffeuer machen. Wer löscht dann das Feuer? weiß niemand.

Das Auftauchen der MGTOW-Bewegung ist ein Ort des

---

zeichnung einer in den USA entstandenen Internet-Subkultur von heterosexuellen Männern, die nach Eigenaussage unfreiwillig keinen Geschlechtsverkehr bzw. keine romantische Beziehung haben und der Ideologie einer hegemonialen Männlichkeit anhängen. Die Szene wird der Manosphere zugerechnet, in der auch die Männerrechtsbewegung agiert. Von einem Aktivismus für Männerrechte unterscheidet sie sich dadurch, dass ihre Anhänger Frauenfeindlichkeit in Verbindung mit Gewaltfantasien propagieren. Von Incels ausgedrückte Überzeugungen und Gefühle sind geprägt von Misogynie, dem Anspruch, ein Recht auf Sex zu haben, Selbstmitleid und der Billigung und Anwendung von Gewalt gegen Frauen und gegen sexuell aktive Männer. Dies grenzt Incels von Absolute Beginners und Love-shyness ab.

Trostes in ihrem Kampf gegen das andere Geschlecht. Die Männerbewegung "Men Going Their Own Way" (Männer, die ihren eigenen Weg gehen) oder kurz MGTOW, wie sie im Volksmund genannt wird, ist eine antifeministische Online-Gesellschaft, die darauf abzielt, Männer in der Gesellschaft dazu zu bringen, sich von den Frauen zu isolieren.

Hier werden die Frauen als abscheulich und verdorben angesehen. Daher werden die normalen Triebe oder Rufe nach Heirat und Zusammenleben entmutigt.

Diese maskuline Gemeinschaft umfasst Websites und eine starke Präsenz in den sozialen Medien, die als "Manosphäre" bezeichnet wird. MGTOW kann auf den ersten Blick leicht als frauenfeindliche Gemeinschaft eingestuft werden und ist in bestimmten Aspekten mit der Incel-Community vergleichbar.

Das war von Anfang an das Ziel des Tiefen Staates. Zwietracht zwischen beiden Parteien zu säen.

Feminazi ist zu einer abwertenden Bezeichnung für alle Frauen geworden, die dem extremen Standpunkt des Feminismus zuzuordnen sind.

Bislang hat der MGTOW in dieser Hinsicht eine eindeutige Haltung zu diesen extremistischen Ansichten eingenommen. Obwohl das Wort "Feminazi" nicht lexikalisch anerkannt ist, hat es sich durchgesetzt, da es von der männlichen Gemeinschaft in ihrem Krieg gegen die Frauen geprägt wurde.

Ein vom tiefen Staat angezettelter Krieg, dessen einziges Ziel es war, beide Geschlechter gegeneinander auszuspielen, um die Vorherrschaft über das andere Geschlecht zu erlangen. Was hat es gebracht, wenn sich die beiden Geschlechter in die Haare kriegen? Eine ganze Menge, um die Räder des Plans des Tiefen Staates in Bewegung zu setzen.

MGTOW ist die männliche Version des Feminismus, einige gehen sogar so weit, ihn "Meninismus" zu nennen. Das gab den Männern die volle Rückendeckung, die sie brauchten, um ihre eigene Festung zu bauen und auch ihre eigenen Angriffe zu starten.

Endlich waren die Männer aus ihrem Schneckenhaus herausgetreten und verstärkten ihren Kampf gegen die Weiber.

Angesichts dieses sich abzeichnenden Kampfes um die Vorherrschaft wurde die Gemeinschaft Zeuge der Geburt der Incels-Gesellschaft, deren einziges Ziel es ist, dem anderen Geschlecht zu zeigen, wer der Boss ist.

Incels sind ein wesentlicher Bestandteil der Online-Welt der männlichen Vorherrschaft und Dominanz. Bei den Incels ist der Widerstand gegen die weibliche Feminismus-Bewegung und die korrupte Anschuldigung eine normale Erscheinung.

Sie zielen einzig und allein darauf ab, die Fehler aufzuzeigen und das andere Geschlecht in jeder Hinsicht als korrupt zu rechtfertigen.

Indem sie das Etikett "Korruption" von der männlichen Gemeinschaft weg und direkt zurück in die Quartiere der weiblichen Gemeinschaft schoben, stiegen die Männer auf der Leiter der Vorherrschaft auf; und sie kletterten schnell, aber definitiv nicht schneller als die schnelle Bewegung der Pläne des Tiefen Staates, die beide Parteien dazu bringen, sich gegenseitig zu bekämpfen.

Obwohl es auf den ersten Blick so aussieht, als ob die Incels von schönen Frauen besessen sind und sich nur danach sehnen, Sex mit ihnen zu haben.

Dies ist wahrscheinlich die irreführendste Ansicht, die Außenstehende über die Gemeinschaft der Incels haben. Was die Bewegung der Incels antreibt, ist ihr Glaube, dass die Frauen allein für ihr Leiden und ihre Anschuldigungen verantwortlich sind, ohne zu erkennen, dass dies alles vom Tiefen Staat hinter den Kulissen inszeniert wurde.

Sogar in sexueller Hinsicht sehen Incels Sex als eine Plattform, um ihre Dominanz als das mächtigere Geschlecht auszuüben und nicht als eine, die die Frau genießen würde. Mit anderen Worten, Incels könnte man leicht als "gewalttätige Frauenfeinde" bezeichnen.

Incels spielen Make-up bei Frauen herunter, sie behaupten, es sei der erste Schritt, um die Männer in die Irre zu führen und zu verwirren. Sie lassen sich von ihrem Hass auf das andere Geschlecht leiten. Sie halten an der Ansicht fest, dass "die Frauen ihnen das Leben zur Hölle machen

Wer geht in diesem Kampf um die Vorherrschaft als Sieger hervor? Wer ist wirklich das korrupte Geschlecht? Wann werden beide Geschlechter erkennen, dass dies nur ein gut ausgearbeitetes Drehbuch des Tiefen Staates war?

Diese Fragen werden mit Sicherheit noch eine ganze Weile unbeantwortet bleiben, solange sich die beiden Geschlechter einig sind.

Dies unterstreicht nur noch mehr, wie tief und weit sich der tiefe Staat in ein einst funktionierendes und unterstützendes System hineingefressen hat. Wenn vom Zusammenleben abgeraten wird, wie sollen sie dann ihr Erbe an die nächste Generation weitergeben?

Es wird eine Sache der Freude und des vollen Nutzens für die Gemeinschaft sein, wenn beide Parteien wieder in Übereinstimmung und nicht mehr in Zwietracht leben können.

Manipulation der Frauen

Eine Frau zu sein, ist ein Vergnügen. Manchmal scheint es sogar so, als würde sich die Welt um Sie drehen und Sie hätten die Welt zu Ihren Füßen liegen und jeden Mann auf Abruf.

Diesbezüglich sind die Frauen nicht ausgenommen, sie fühlen auch so. So schön es auch ist, sich ein Haus voller Fantasien zu bauen, so nachteilig ist es, manipulierbar zu werden, um diese Fantasien wahr werden zu lassen.

Eine Vorstellung, welche für Frauen verlockend ist, ist die, das dominante Geschlecht zu sein. So können sie schnell zur leichten Beute des Tiefen Staates werden, der schon darauf wartet, sie für seine Zwecke einsetzen zu können.

Nachdem er umfassende Informationen über die Frauen und ihre Interessen gesammelt hatte, schuf der tiefe Staat auf verschiedenste Weise Plattformen, die nicht nur die weiblichen Fantasien verstärkten, sondern sie auch befähigten, ihre Fantasien umzusetzen.

Glamour-Magazine und Lifestyle-Artikel wurden zu Quellen der Ermutigung für die Frauen, wobei das Aufkommen des Feminismus eine willkommene Entwicklung war, die den Frauen mehr Macht verlieh. Ganz nach Plan des Tiefen Staates.

Eine Sache, die Frauen weltweit eigen ist, ist ihre Sehnsucht nach trendigeren Outfits. Das schafft Raum für den Tiefen Staat, ihre Köpfe mit allen jenen Trends zu füllen, die er zu einem bestimmten Zeitpunkt für angebracht hält.

In der Tat kann alles, was die Dame anlockt oder ihre Aufmerksamkeit auf sich zieht, leicht genutzt werden, um sie zu steuern. Wie könnte man das besser angehen, als eine „glamouröse" Atmosphäre zu schaffen; welche anziehend wirkt und gleichzeitig der Ablenkung dient.

Die Mode der Promis rückt in den Fokus, angefangen von den Designer-Gucci-Taschen, Louis & Vuitton-Anzügen und -Hosen bis hin zu Versace

Manche Frauen sehnen sich danach, das nächste Victoria-Secret-Model zu werden, andere sehnen sich nach dem Ruhm der Hollywood-Stars und wollen Leinwanddiven werden. Man träumt davon im Rampenlicht zu stehen.

Mit dem einzigen Ziel, zu beweisen, dass sie in vielerlei Hinsicht besser sind als ihre männlichen Gegenstücke. Die Glamour-Magazine werden vom Tiefen Staat stimuliert und bringen den Frauen bei, Reichtum anzuhäufen und das sogenannte dominante Geschlecht, den Mann, zu dominieren.

Vorbei sind die Zeiten, in denen Lifestyle-Magazine ihren Leserinnen und Lesern beibrachten, wie sie sich richtig stylen oder ihr Leben gestalten sollten.

Heutzutage steht das, was diese Artikel ihrem breiten Publikum, vor allem den Frauen, vermitteln, im Gegensatz zu dem, was sie anfangs bezwecken sollten.

In diesen Lifestyle-Magazinen werden Themen behandelt, die der Frau das Gefühl geben, fehlerhaft und unvollkommen zu sein.

In den meisten Lifestyle-Magazinen wird zum Beispiel Kate Winslet als perfektes weibliches Model dargestellt. Jede andere Frau, die in Bezug auf Körperbau, Wohlstand, Einfluss, Diäten und allgemeinen Lebensstil von diesem Idealbild abweicht, wird als außerhalb der Norm stehend betrachtet.

In diesen Magazinen wird behauptet, dass eine Frau in der Lage sein sollte, Männer nach Belieben zu verändern.

Männer seien als „Werkzeuge für Sex" zu betrachten und man könne sie beliebig steuern und dominieren.

Unter dem Einfluss des Deep State wird in diesen Magazinen von sogenannten Experten ein „gesunder Lebensstil" empfohlen, der ein bestimmtes Körper-Ideal festlegt.

Dies führt dazu, dass sich die meisten Frauen für ihren Körper schämen. Um sich besser fühlen zu können, machen sie die Männer verantwortlich. Sie unterstellen den Männern die Absicht, sie minderwertig zu machen.

Sie behaupten, für das von den Magazinen verbreitete Idealbild einer Frau wären Männer verantwortlich. Das ist eine ziemlich starke Behauptung, die auf den Schultern der Männer lastet, finden Sie nicht?

Um ihre Ansprüche gegenüber den Männern weiter zu stärken, wurde der Feminismus zu ihrem Heimathafen. Der Feminismus dreht sich, wie das Wort schon sagt, um das weibliche Geschlecht und den Wunsch nach Anerkennung.Eine Feministin ist der Überzeugung, dass von den Männern als naiv betrachtet wird. Sie glaubt, dass ihre Identität bis heute davon abhängig ist, was die Männerweltdefiniert.

Dies ist eine Sichtweise, welche in die weibliche Gemeinschaft eingespeist wurde, um in der Gesellschaft Chaos zu stiften und Zwietracht zwischen den Geschlechtern zu schaffen.

Die Feministinnen wurden in ihrer Denkweise dahingehend manipuliert, dass sie sich in allen Belangen als exakt gleich den Männern gegenüber sehen. Das geht so weit, dass sie für sich jetzt die gleichen Ansprüche und Vorteile einfordern und dazu noch viel weiter gehende Privilegien. Dies ist definitiv Manipulation auf höchstem Level.

Es ist ziemlich Schade, dass die feministische Bewegung die gesellschaftliche Bedeutung der menschlichen Fortpflanzung kleinredet. Das spielt dem Tiefen Staat in die Hände.

Indem sie dafür eintreten, dass die Frauen die Zeugung einer weiteren Generation durch Fortpflanzung extrem einschränken, kann an die nachfolgenden Generationen nichts weitergegeben werden. Der tiefe Staat nutzt die Idee des Feminismus, um die Frauen dazu zu bringen, sich über die Zukunft keine Gedanken zu machen und indem der Fokus auf selbstsüchtige Ziele in der Gegenwart gerichtet wird.

Die feministische Bewegung wurde so geschaffen und wird so gesteuert, dass die Beteiligten selbstzentriert werden und es vernachlässigen, Pläne für die Zukunft der Gesellschaft zu schmieden.

Eine ihrer größten Fehleinschätzungen besteht darin, den Männern ein schlechtes Gewissen einzureden, indem sie behaupten, dass sie die Frauen schwängern, um sie davon abzuhalten, ihre Ausbildung abzuschließen oder Karriere zu machen, um so keine Konkurrenz für sie zu werden. Das ist ein absolut ungeheuerliches Denken.

Im Nachhinein wurde deutlich, dass es der Tiefe Staat war, welcher die Frauen mit diesen narzisstischen und materialistischen Gedanken gefüllt hat.

Er tat dies und tut es immer noch, um die Gedanken der Frauen von der gemeinsamen Zukunftsplanung auf die Führung unnötiger Kleinkriege gegen die Männer umzulenken. Dies ist als ein entscheidender Schachzug des Tiefen Staates anzusehen.

Frauen gegen Männer aufzuwiegeln, war wahrscheinlich das letzte wichtige Einzelelement im großen Plan des Tiefen Staates.

Sobald sie dies erreicht hatten, war es an der Zeit, die Frauen für ihren heimtückischen Plan zu verbiegen, zu verdrehen und in Bewegung zu setzen.

Dieser Kampf um die Vorherrschaft zwischen dem Mann und der Frau wird definitiv nicht so bald enden. Der Masterplan des Tiefen Staates hat effektiv funktioniert.

Manipulation der Weißen[5]

Was würden Sie in einem Szenario tun, in dem Sie eine ganze Nation Ihrem Willen unterwerfen müssten? Ihr "Denkerhut" wird Ihnen jetzt wahrscheinlich nützlich sein, also setzen Sie ihn auf. Haben Sie gerade angedeutet, dass Sie darauf abzielen, tief in die Köpfe der Rasse einzudringen, die den größten Anteil an der Zielbevölkerung hat?

---

5   Dieser Text – der ursprünglich für den US-Markt geschrieben wurde – befasst sich hier intensiv mit dem Rassenkonflikt der Weissen gegen die Schwarzen. Ein Problem, was im Deutschsprachigem Raum wegen der geringen Zahl von Schwarzen nicht so bedeutsam ist. Aber wenn der Leser geneigt ist, aus den Ausführungen zu lernen, möge er doch den Begriff „Weisse" mit Deutschen, Schweizern bzw. Österreichern ersetzen und die Schwarzen mit „Menschen mit Migrationshintergrund", was ja auch Hier-geborene einschliesst; oder man benutzt den Begriff „Ethnik", um die Konflikte zu beschreiben. Und schon haben wir ein analoges Problem wie in den USA. Bei ca 30 % Anteil von Menschen mit Migrationshintergrund oder einer fremden Ethnik ist es verständlich, dass sich die „Ureinwohner" „an die Wand gedrängt fühlen". Aber bitte berücksichtige: Der Vorwurf an die Migrierten ist unberechtigt, denn jeder möchte seine Lebensbedingungen verbessern, das ist nicht verwerflich. Es ist eher ein Lob für unser Land, dass andere bereit sind ihre Heimat aufzugeben, weil sie glauben, es hier besser zu haben. Die Verantwortung für diese Konflikte liegen allein bei unseren Regierungen, die gegen den Willen ihres Volkes die Schleusen geöffnet habe und die Fremden in einem Masse willkommengeheissen haben, dass die Eingliederung oft scheitert. Es ist das dreckige Spiel des Tiefen Staates, der uns mit dieser Migrationswaffe bedroht und schädigt. Den Einwanderern kann man ihre Entscheidungen nicht übel nehmen und sie heraus drängen zu wollen ist keine wirksame Strategie zum Schutze der Heimat, sondern eine Sackgasse, ein Beitrag zum Teile-und-Herrsche. – Anmerkung des Übersetzers.

Wenn ja, dann liegen Sie goldrichtig.

In der typisch westlichen Umgebung ist der weiße Mann der König, da er in der westlichen Welt die dominierende Rasse ist.

Dies machte sie zu äußerst wichtigen Spielfiguren in dem schmutzigen Spiel, das der Tiefe Staat angezettelt hatte. Unter Ausnutzung dieses auffälligen Merkmals gelang es dem Tiefen Staat durch seinen manipulativen Plan, eine deutliche Kluft in der Klasse zwischen weißen und farbigen Menschen zu schaffen.

Der tiefe Staat hat es geschafft, das Urteilsvermögen der Weißen zu beeinflussen und ihre Wahrnehmung dahingehend umzulenken, dass sie glauben, der schwarze Mann habe keinen Anspruch auf Rechte und Leistungen.

Sie wurden dazu erzogen zu glauben, dass sie das Land besitzen und beherrschen. Während die Schwarzen kaum rechtmäßige Bürger sind und es nur verdienen, zertreten zu werden. Mit anderen Worten: Die Weißen sind dazu gebracht worden, sich auf Kosten der Schwarzen so hoch einzuschätzen.

So entsteht ein klares Szenario, in dem sich der Weiße als Herrscher und dominante Autorität fühlt, während die nicht so glücklichen Schwarzen ohne ihr Verschulden als "Schemel" betrachtet werden.

Der Akt, die Weißen gegen die Schwarzen zu wenden, sorgte für das richtige Ausmaß an Chaos, das nötig war, um den bereits sehr gut funktionierenden Motor des Tiefen Staates in Gang zu bringen.

Es mutet ziemlich seltsam an, einen anderen rechtmäßigen Bürger des eigenen Landes als Konkurrenten zu sehen oder als jemanden, auf dem man herum trampelt, nur weil er eine andere Hautfarbe hat als man selbst. Aber es ist, wie es ist, das ist die Realität, mit der der Schwarze jeden Tag aufwacht, und die geistige Sklaverei, in der der Weiße unwissend lebt.

Das alles begann, als der "Deep State" es für den richtigen Zeitpunkt hielt, in das System einzudringen, indem er die Hautfarbe als einzigen Fokus für die Spaltung nutzte. Dies löste in der schwarzen Gemeinschaft eine Mentalität des Minderwertigkeitskomplexes aus.

Dies könnte man ohne weiteres als "Ausgrenzung eines anderen, den man als Konkurrenz betrachtet, indem man seine Bedeutung für die Gesellschaft herunterspielt" bezeichnen.

Das Ziel der Weißen, propagiert durch den Tiefen Staat, besteht einzig und allein darin, den Schwarzen das Gefühl zu geben, ein "Bastard" oder ein "Ausgestoßener" in einem System zu sein, das zuvor nicht auf Rassendiskriminierung hin geschaffen wurde.

Terminologien, die es in der Vergangenheit nicht gab, wurden zu einem Thema. Wörter wie "weiße" und "farbige" (in Bezug auf die Schwarzen) wurden nun verwendet, um Orte zu bezeichnen, zu denen Weiße und Schwarze Zugang hatten oder die ihnen verschlossen waren.

In einer normalen Familie könnten die weißen und schwarzen als Kinder des selben Elternteils eingestuft werden.

Die Vereinigten Staaten von Amerika dienen in diesem gemalten Szenario als Elternteil. Sollte es jemals notwendig werden, den Besitz zwischen den beiden Geschwistern aufzuteilen, erscheint es sinnvoller, die Grundstücke in zwei Hälften aufzuteilen, so dass sie den gleichen Anteil erhalten. Das klingt doch nach einer logischen Lösung, oder? Das tut es auch. Aber es passiert etwas Gegenteiliges, das alle Seifenblasen platzen lässt: Die weißen Geschwister bekommen den größeren Anteil und die schwarzen Geschwister haben wenig bis gar nichts, worauf sie zurückgreifen können. Genau so spielt es sich im amerikanischen System ab, das vom Deep State gesteuert wird. Diejenigen, die in den oberen Rängen der Macht sitzen, fallen zufällig in die Kategorie des weißen Amerikas, was zu einem durchsichtigen Akt der Vetternwirtschaft führt, der die Weißen begünstigt und die Schwarzen vernachlässigt.

Die Farbigen müssen sich von den Resten ernähren, denn die ihnen zugewiesenen Portionen sind nicht der Rede wert.

Die Weißen bekommen von allem das Beste. Im Szenario eines Kriegers, der mit einer Kriegsbeute zurückkehrt, ist der Weiße die Frau, die den dicksten Anteil von der Beute bekommt, während der Schwarze die Frau ist, die von den Resten leben muss.

Es ist ein trauriger Anblick, sich das vorzustellen, ganz zu schweigen davon, diese Erfahrung vor Ort zu machen. Sowohl die Opfer (Farbige) als auch die Unterdrücker (Weiße) sind in diesem Zusammenhang direkt oder indirekt der Manipulation durch den Tiefen Staat ausgesetzt.

Sie alle sind wichtige Figuren in diesem Schachspiel des Tiefen Staates, bei dem der eine unterdrückt und der andere angehoben werden muss, nur um den Zwecken zu dienen und die Mission des Tiefen Staates in Vergessenheit zu bringen. Hätte man die Rassengleichheit ohne jegliche Diskriminierung gelten lassen, wäre das System undurchdringlich gewesen. Daher musste der Tiefe Staat die Mauern der Zusammengehörigkeit zwischen beiden amerikanischen Hautfarben einreißen, um sein Ziel zu erreichen.

Viele der lautstarken Kraftpakete der amerikanischen Demokraten sind Weiße - zum Leidwesen der schwarzen amerikanischen Gemeinschaft.

Das Schmerzlichste daran ist die Tatsache, dass sich die Situation in nächster Zeit nicht zu ändern scheint.

Sie fragen sich vielleicht, warum? Sie alle wurden durch den Tiefen Staat in diese hohen und wichtigen Positionen gebracht. Ja, sie sind also dem Tiefen Staat hörig und widersetzen sich nicht seiner immensen Autorität.

Denn es handelt sich um einen Fall, in dem der weiße Amerikaner unwissend vom tiefen Staat manipuliert wird, während der schwarze Amerikaner den gewaltigen Absturz erleidet. Nun stellt sich die Frage: Wann würden die Weißen aufhören, die Befehle des Tiefen Staates auszuführen? Wie können die Weißen aus dem Schatten des Tiefen Staates heraustreten? Wann würden die Schwarzen aufhören, das Opfer zu sein? Wie lange muss das noch so weitergehen, bis die Weißen erkennen, dass in der Gemeinsamkeit mehr Macht liegt als in der Spaltung?

Nur wenn Weiße und Schwarze sich einig sind, könnte das Land die wirklich die Größe erlangen, für das es prädestiniert ist. Bis dahin bleibt die Hoffnung, dass "Amerika einmal groß sein wird."

Manipulation der Schwarzen

Wenn Sie in eine schwarze Gemeinde in den Vereinigten Staaten gehen, werden Sie feststellen, dass sieben von zehn Schwarzen auf der Straße "einen Hass auf den weißen Mann" haben. Und das nicht nur in Amerika, sondern auch in vielen anderen Ländern der Welt.

Ein großer Prozentsatz der Schwarzen oder Afroamerikaner sieht den weißen Mann oder die Weißen als ihren traditionellen Feind und als denjenigen, der für ihre allgemeine oder individuelle Misere verantwortlich ist. Sie sind nicht dafür verantwortlich zu machen. Die ganze Schuld und der Grund für dieses Verhalten liegt beim tiefen Staat.

Eine Gruppe, die schon immer vom tiefen Staat manipuliert wurde und immer wieder in ihre destruktiven Pläne hinein fällt, sind die Schwarzen, insbesondere in Amerika.

Der tiefe Staat ist sich der Auswirkungen und Konsequenzen bewusst, die die Kollision von Schwarzen und Weißen für seine Pläne hat. Um sie zu spalten und zu kontrollieren, manipulieren sie beide Seiten mit Hilfe der Medien und Propagandamaschinen.

Sklaverei und Rassismus sind zwei miteinander verbundene Themen, mit denen der tiefe Staat schon immer an die gewalttätigen Gefühle der Schwarzen appelliert hat.

Diese beiden Themen, insbesondere das letztgenannte, waren die Ursache für mehrere zerstörerische und gewalttätige Proteste in der Geschichte Amerikas. Es war und ist immer noch der sicherste Weg, auf dem der tiefe Staat Proteste, Unruhen und Chaos in der Gesellschaft verursacht.

Das Thema Sklaverei zur Manipulation von Schwarzen ist für den tiefen Staat sehr einfach zu beschaffen. Alles, was sie tun müssen, ist, sich mit der Geschichte der Schwarzen oder der Afroamerikaner zu befassen.

Schwarze haben zweifellos eine turbulente Geschichte, die von Angst, Unterdrückung und Unterwerfung geprägt ist. Alles begann mit der Plantagensklaverei, die sich im 19. und 20. Jahrhundert durchsetzte.

Rund 400 Jahre lang waren die schwarzen Sklaven ihren Herren untertan und mussten auf den Plantagen schuften und ackern.

Nach der Abschaffung des Sklavenhandels erhielten die Schwarzen ihre Freiheit, aber zu diesem Zeitpunkt hatten sie bereits viele Gebiete in der amerikanischen und europäischen Gesellschaft bevölkert.

Nach der Abschaffung des Sklavenhandels setzte sich das Elend der Schwarzen mit institutionellem Rassismus und anderen Gewalttaten fort, die von einigen weißen Rassistengruppen gegen Schwarze verübt wurden. Dies ist heute jedoch nicht mehr der Fall, da Schwarze heute die gleichen Privilegien genießen wie Weiße.

Der tiefe Staat möchte jedoch nicht, dass die Schwarzen dies so sehen. Stattdessen sollen die Schwarzen das Gefühl haben, dass sie immer noch unter den Folgen der Sklaverei leiden und dass dies der Grund für ihre derzeitige Lage ist.

Die Medien des tiefen Staates machen auch den weißen Mann oder die Weißen für die unterentwickelten und gewalttätigen Gemeinschaften der Schwarzen verantwortlich.

Es scheint, als ob der tiefe Staat sich um das Leben, die Rechte und das Wohlergehen der Schwarzen kümmert, aber das tut er nicht, er ist mehr daran interessiert, Schwarze als Schachfiguren zu benutzen, um seine egoistischen Ziele zu erreichen.

Sie sind schnell dabei, über jeden rassistischen Vorfall zu berichten und ihn mit der Sklaverei in Verbindung zu bringen, nicht um aufzuklären oder zu informieren, sondern um Salz in die Wunde zu streuen und das Ego des schwarzen Mannes zu verletzen.

Sie berichten sensationell über solche Nachrichten und geben den Weißen direkt die Schuld an den Problemen der Schwarzen. Wenn sie dies tun, wollen sie drei Dinge erreichen.

Erstens wollen sie bei den Weißen ein Gefühl der Schuld oder des Selbstzweifels hervorrufen. Zweitens wollen sie, dass Schwarze Hass und Angst vor dem durchschnittlichen Weißen (insbesondere vor einem Polizisten) empfinden und sich paranoid fühlen, wenn sie auf die Straße gehen. Und drittens schließlich zielen sie darauf ab, durch die Auswirkungen der beiden anderen Gründe Aufruhr in der Gesellschaft zu verursachen.

Leider hat diese Methode für den tiefen Staat gut funktioniert. Durch ihre Aktivitäten wird die Spaltung zwischen den Weißen und Schwarzen weiter vertieft als je zuvor.

Der tiefe Staat ist die einzige Gruppe, die von dieser Spaltung profitiert, da er in der Lage ist, jede Seite zu kontrollieren und sie gegeneinander auszuspielen.

Die Folgen der Manipulation der Schwarzen durch den tiefen Staat sind die wachsende Zahl gewalttätiger und rassistischer Übergriffe, die den Lebensstil und die Proteste in den Vereinigten Staaten kennzeichnen.

Bei der jüngsten Black-Lives-Matter-Bewegung wurde beispielsweise deutlich, dass einigen Demonstranten der Tod von George Floyd völlig egal ist. Vielmehr randalierten und plünderten sie Geschäfte, um "Sklavengeld" einzusammeln.

Was der tiefe Staat den Schwarzen nicht sagt, insbesondere denen, die nicht aufgeklärt sind, ist, dass Sklaverei ein allgemeines Phänomen ist, das praktisch alle Rassen und Kulturen irgendwann in ihrer Geschichte erlebt haben.

Die Epochen der Monarchie, des Papsttums und Napoleons waren dadurch gekennzeichnet, dass die Europäer Krieg führten und sich gegenseitig versklavten. Auch die Weißen wurden zu einem bestimmten Zeitpunkt von anderen Ethnien versklavt. Dies wurde deutlich, als die Araber Krieg nach Europa brachten und Millionen von Weißen entführten und versklavten.

Selbst in Asien wird die Sklaverei in einigen Bereichen noch immer praktiziert und erlebt. Vor nicht allzu langer Zeit wurden osteuropäische Frauen als Sex-Sklavinnen gehandelt. Auch Tausende mexikanischer Frauen wurden als Sklaven gehandelt.

Die Afrikaner waren einst aktive Sklavenhändler, die gegen andere afrikanische Stämme Krieg führten und sie hauptsächlich an Araber, aber auch an Weiße verkauften.

Tatsächlich wäre die Sklaverei, die Afrika im 18. und 19. Jahrhundert heimsuchte, ohne die Aktivitäten einiger afrikanischer Kollaborateure nicht erfolgreich gewesen.

Dieses System der Sklaverei gab es in Afrika bereits, bevor Christoph Kolumbus Amerika entdeckte. Schwarze oder Afroamerikaner brauchen sich also nicht zu schämen oder zu hassen, weil ihre Vorfahren die Sklaverei erlitten haben; das haben alle Kulturen getan, auch die Weißen haben als Sklaven gelitten, die der tiefe Staat manipuliert hat, damit sie viele Schwarze verachten.

Eine weitere Tatsache, die der tiefe Staat in seiner Berichterstattung und Propaganda über die Sklaverei der Schwarzen ausblendet, ist, dass die Mehrheit der Weißen in der Zeit der Sklaverei nicht einmal Sklaven besaß.

Nur eine sehr kleine Minderheit der Weißen in den USA besaß Sklaven, und wissen Sie, dass auch Schwarze Sklaven besaßen?

Nach einer Untersuchung von Carter G. Woodson, einem 1950 verstorbenen afroamerikanischen Historiker,

> „besaßen 1830 insgesamt 3.776 freie Neger 12.907 Sklaven. Bei einem Bevölkerungswachs-

tum von drei weiteren Jahrzehnten ist es plausibel, dass die Zahl der Sklaven im Besitz von Schwarzen bis 1860 auf 20.000 gestiegen sein könnte."

Dies beweist, dass der tiefe Staat bösartig ist und mit seiner Propaganda versteckte Absichten verfolgt.

Indem sie ständig Nachrichten über Sklaverei und Rassismus verbreiten, wollen sie auch die Weißen in Selbstvorwürfen schwelgen lassen. Aber das sollte nicht der Fall sein.

Rush Limbaugh meint:

Wenn irgendeine Rasse keine Schuldgefühle wegen der Sklaverei haben sollte, dann sind es die Kaukasier. Die weiße Rasse hatte wahrscheinlich weniger Sklaven und eine kürzere Zeitspanne als jede andere in der Weltgeschichte.

Trotz alledem hat kein anderes Volk jemals einen Krieg geführt, um die Sklaverei zu beenden, was wir getan haben. Fast 600.000 Menschen wurden im Bürgerkrieg[6] getötet.

Es ist absurd, dass die Weißen für die Sklaverei verantwortlich gemacht werden, obwohl sie mehr für deren Beendigung getan haben als

---

6   Der Sezessionskrieg oder Amerikanische Bürgerkrieg war der von 1861 bis 1865 während militärische Konflikt zwischen den aus den Vereinigten Staaten ausgetretenen, in der Konföderation vereinigten Südstaaten und den in der Union verbliebenen Nordstaaten (Unionsstaaten). Die wichtigsten Folgen des Krieges waren die Stärkung der Zentralmacht und die endgültige Abschaffung der Sklaverei in den USA sowie die verstärkte Ausrichtung des Landes als Industriestaat.

jede andere Rasse, und das noch dazu im Rahmen der Verfassung. Dennoch ist die Schuldzuweisung an der Sklaverei an die Weißen immer noch einer der dominierenden Faktoren in der amerikanischen Politik.

Dies ist der bedauernswerte Zustand der Rassen, in den der tiefe Staat die Vereinigten Staaten gebracht hat. Durch ihre Manipulationstaktiken wie Social Engineering, Fehlinformation und Propaganda ist es ihnen gelungen, Weiße und Schwarze zu spalten und die Entwicklungen, die die beiden Rassen gemeinsam hätten erreichen können, aufzuhalten.

Obwohl die Menschen, die in der Zeit der Sklaverei lebten, davon profitierten oder darunter litten, längst verstorben sind, nutzt der tiefe Staat dieses besondere tragische Ereignis der Geschichte immer noch, um die Schwarzen falsch zu informieren und zu manipulieren.

Manipulation der Polizei

Die Aufgaben der Polizei in einem Staat sind einfach: das Gesetz durchsetzen, die Sicherheit des Lebens und des Besitzes der Bürger gewährleisten und Verbrechen und Unruhen verhindern.

Um ihre Aufgaben ordnungsgemäß wahrnehmen zu können, ist die Polizei zur Anwendung von Gewalt legitimiert und verfügt über das Gewaltmonopol. Mit anderen Worten: Die Polizei hat die Lizenz zum Festhalten, Verhaften und vor allem zum Töten. Aus diesem Grund ist die Polizei im Laufe der Jahre ständig der Manipulation durch den tiefen Staat ausgesetzt gewesen.

Der tiefe Staat ist sich bewusst, dass von allen Sicherheitsapparaten eines Staates die Polizei den Menschen am nächsten ist. Sie reagiert zuerst auf jede Bedrohung von Leben und Eigentum der Bürger eines Staates.

Diese Art von freundschaftlichen und verbindlichen Beziehungen zwischen der Polizei und der Öffentlichkeit sind für den tiefen Staat nicht förderlich.

Da die Bürger Hand in Hand mit der Polizei arbeiten, um den Frieden zu sichern, würde jeder Plan des tiefen Staates, Chaos zu verursachen, im Keim erstickt werden. Außerdem erkennt der tiefe Staat die Bedrohung, die eine aktive Polizei für seine Pläne und Ziele darstellt.

Um die freundschaftlichen Beziehungen zwischen der Polizei und der Öffentlichkeit zu zerstören und die Polizei zu schwächen, versuchte der tiefe Staat, die Polizei gegen die Bevölkerung zu manipulieren.

Durch die Förderung bestimmter Gesetze und politischer Maßnahmen sowie durch Propaganda bringt der tiefe Staat der Polizei bei, die Öffentlichkeit als ihren Feind zu betrachten.

Der tiefe Staat versucht, eine "Wir-gegen-Sie"-Situation zu schaffen, in der die Polizei das Volk als ihren Feind betrachtet und umgekehrt.[7]

In einer solchen Situation würden die Strafverfolgungsbehörden härter und gewalttätiger gegen Menschen vorgehen, unabhängig davon, ob sie ein Verbrechen begangen haben oder nicht. In Situationen, in denen die Polizei mit diplomatischen oder friedlichen Maßnahmen hätte reagie-

---

7   Die jüngsten Corona-Massnahmen waren ein typisches Werkzeug dazu; Die Polizei war angewiesen, massiver gegen einheimische Maskenverweigerer vorzugehen, als gegen räuberische Asylsuchende. Damit verspielte sie die letzten Sympathien in der Bevölkerung.

ren können, wird eher Gewalt angewendet.

Dies ist auf das bestehende Denken zurückzuführen, dass die Öffentlichkeit ihr Feind ist. Das gegenseitige Wohlwollen von Polizei und Öffentlichkeit würde sich nun in gegenseitiges Misstrauen, Furcht und Angst verwandeln.

Es gibt nur ein Endergebnis, wenn die Polizei und die Öffentlichkeit solche negativen Gefühle haben - Chaos. Wenn sich die Polizei und die Bevölkerung uneins sind, werden Chaos und Unordnung die Oberhand gewinnen.

Die Polizei wäre dann berechtigt, "die Waffen herauszuholen" und mit Gewalt für Ordnung zu sorgen. In einem solchen Umfeld würden Liebe und Toleranz zwischen den Menschen und der Regierung drastisch abnehmen und die Entwicklung würde zum Stillstand kommen.

Bild 1: Anders als ihre deutschen Kollegen dürfen die Schweizer Polizisten bei ihren Einsätzen auch Gummischrot als Distanzmittel einsetzen. (Aufnahme: Reitschule in Bern am 25.02.2017). (Bild: Keystone)

Leider ist dies die heutige Situation. Auch wenn sie noch nicht ein unerträgliches Ausmaß angenommen hat, sind die Auswirkungen der Manipulation der Polizei durch den tiefen Staat dennoch spürbar.

Die wichtigste Art und Weise, wie der tiefe Staat die Polizei manipuliert hat, ist die Förderung der Militarisierung. Dies ist ein Prozess, bei dem die örtliche Polizei das Aussehen, die Bewaffnung und das Verhalten von Soldaten im Krieg annimmt.

Es ist auch ein Prozess, bei dem die Strafverfolgungsbehörden ihre Waffen, Ausbildung und Ausrüstung auf militärischen Standard bringen.

Die Militarisierung der Polizei wurde nach den Anschlägen vom 11. September in der Strafverfolgung vorangetrieben.

Es ist ganz normal, dass Polizisten geschult und gut ausgerüstet sind, denn das hilft ihnen bei der Bekämpfung von Sicherheitsproblemen innerhalb des Staates. Wenn die Polizei jedoch anfängt, militärische Ausrüstung und Taktiken einzusetzen, um die Ordnung aufrechtzuerhalten, dann ist das natürlich ein Grund zur Sorge.

Diese Art von Ausrüstung und Taktik ist speziell für das Militär geeignet, da es die Aufgabe hat, Aggressionen von außen oder Bedrohungen der territorialen Integrität und der staatlichen Stabilität eines Staates abzuwehren.

Soldaten brauchen diese Art von hochleistungsfähiger Ausbildung und Ausrüstung aufgrund der Art ihrer Gegner und der Orte, an denen sie operieren. Die Polizei arbeitet jedoch innerhalb eines Staates. Ihre Gegner innerhalb eines Staates sind allenfalls Menschen, die das eine oder andere Verbrechen begangen haben.

Die Ausführung eines militärischen Angriffs auf inländische Straftäter ist einfach überwältigend. Es wird noch besorgniserregender, wenn man weiß, dass der tiefe Staat ernsthaft daran arbeitet, die Polizei gegen die Öffentlichkeit zu wenden und damit auch die Opfer der Militarisierung der Polizei zu sein.

Durch die Förderung der Militarisierung der Polizei werden routinemäßige polizeiliche Aktivitäten und Reaktionen wie die Aufrechterhaltung des Friedens bei Protesten militarisiert und aggressiver.

Selbst bei der Verhaftung von Einzelpersonen und einfachen Straftätern geht die Polizei mit einer militarisierten Mentalität vor. Dies hat zu vielen ungesetzlichen und versehentlichen Tötungen von Bürgern durch Polizisten geführt.

Wir haben von verschiedenen Fällen gehört, in denen Polizisten sofort auf Personen geschossen haben, weil sie sich der Verhaftung widersetzt haben sollen.

An einem normalen Tag hätten diese Polizisten einige einfache Maßnahmen ergreifen müssen, um die Personen bewegungsunfähig zu machen und sie dann festzunehmen.

Wegen der Militarisierung der Polizei und der Aktivitäten des tiefen Staates sahen die Polizisten die Personen jedoch als potenzielle Feinde an und verhielten sich wie an einer Kriegsfront.

Kein anderes Beispiel hätte den Einfluss des tiefen Staates auf die Polizei besser verdeutlichen können als die Unruhen und Proteste, die auf den Tod von George Floyd folgten.

Er wurde mit dem Knie eines Polizeibeamten aus Minneapolis zu Boden gedrückt (eine weitere Folge der Militarisierung der Polizei).

Die Proteste ließen mehrere Städte in den Vereinigten Staaten wie ein Kriegsgebiet zwischen der Polizei und der Öffentlichkeit aussehen.

Die Gerätschaften, die Waffen und die Ausrüstung, die die Polizei zur "Aufrechterhaltung der Ordnung" zu den Protesten mitbrachte, zeigt, dass sie mit Gewalt rechnete und bereit war, mit den Demonstranten zu kämpfen.

Die Polizeibeamten waren in voller Montur, mit gepanzerten Fahrzeugen, Gummi- und Holzkugeln, Blendgranaten und Tränengaskanistern unterwegs, um die Demonstranten herauszufordern.

Es war offensichtlich, dass die Polizei mit einer militarisierten Mentalität anreiste, in der die Demonstranten als Feinde betrachtet wurden.

Die Taktik der Polizei, Proteste aufzulösen und Randalierer festzunehmen, ist ebenfalls ein Beleg für die Manipulation und Militarisierung der Polizei. Stellen Sie sich einen Protest vor, bei dem wir Vollstrecker des tiefen Staates wie die Antifa und einige Agent Provokateure gegen eine militarisierte Polizei haben, die mit der Einstellung ausgestattet ist, dass die Öffentlichkeit ihr Feind ist.

Was wäre das wahrscheinliche Ergebnis? Chaos und Gewalt! Das ist das Ziel des tiefen Staates und das, was bei einigen der Proteste von George Floyd tatsächlich geschah.

Die Vergiftung des Bewusstseins der Polizei sowie die allmähliche Militarisierung unserer Strafverfolgungsbehörden können nicht von der Agenda der Neuen Weltordnung des tiefen Staates getrennt werden.

In der Neuen Weltordnung wäre die Polizei das aktivste Instrument in den Händen des tiefen Staates, um die Öffentlichkeit gewaltsam zu unterdrücken und Widerstandsbewegungen zu zerschlagen. Mit der Manipulation der Polizei ist der tiefe Staat diesem Ziel einen Schritt näher.

Manipulation der Öffentlichkeit

Ein Punkt, der von Beginn dieses Buches an ausdrücklich behauptet wurde, ist, dass die Öffentlichkeit für die Pläne des tiefen Staates von entscheidender Bedeutung ist.

Die Bürger eines Staates sind das Leben des Staates. In der Tat kann ein Staat nicht anerkannt oder im internationalen System akzeptiert werden, wenn es keine Menschen gibt, die in ihm leben.

Obwohl ein Großteil der Macht bei der Regierung liegt, ist auch die Öffentlichkeit ein wichtiger Entscheidungsträger in einem Staat.

In mehreren Ländern entscheidet die Öffentlichkeit, wen sie in der Regierung haben will und welche Art von Politik sie will.

Grund, warum die Regierung als mächtig angesehen werden kann, ist, dass sie rechtmäßig von der Öffentlichkeit unterstützt wird, um sie zu regieren, und dass sie auch Gewalt nach eigenem Gutdünken einsetzen kann.

Selbst dann kann ein geeintes Volk durch Entschlossenheit und Hartnäckigkeit eine Regierung zu Fall bringen. Die meiste Zeit sind die Menschen jedoch nicht immer geeint, was dem tiefen Staat zu verdanken ist.

Seit den Anfängen des "tiefen Staates" bestand sein Hauptmotiv darin, die Öffentlichkeit zu manipulieren.

Denn nur durch die Manipulation und Spaltung der Öffentlichkeit können sie die Kontrolle übernehmen und ihre Pläne verwirklichen.

Alle Manipulationsmethoden und -taktiken des tiefen Staates, einschließlich der von den Medien regelmäßig verbreiteten Propaganda, zielen auf die Manipulation der Öffentlichkeit ab.

Der tiefe Staat manipuliert die Öffentlichkeit auf verschiedene Weise. Sie beeinflussen die Menschen, indem sie sich auf die verschiedenen Kategorien der Öffentlichkeit konzentrieren, bei denen sie daran interessiert sind, eine Kluft zu schaffen, z. B. weiß gegen schwarz, alt gegen jung, männlich gegen weiblich usw.

Sie manipulieren auch die Öffentlichkeit, damit sie eine Person, eine Gruppe oder eine Politik entweder mag oder ablehnt.

In diesem Fall würde die Öffentlichkeit in ihrer Zuneigung oder Abneigung gegen etwas geeint sein. Der tiefe Staat praktiziert die letztgenannte Form der öffentlichen Manipulation, wenn er möchte, dass sich die Menschen für seine Sache einsetzen oder einfach nur Chaos verursachen.

Das wichtigste Beispiel dafür, wie der tiefe Staat die Menschen generell manipuliert hat, ist die Angst und der Hass der Öffentlichkeit auf die Polizei.

Die Strafverfolgungsbehörden wurden eingerichtet, um das Leben und das Eigentum der Menschen zu schützen. Um effektiv arbeiten zu können, brauchen sie jedoch die Unterstützung und Zusammenarbeit der Öffentlichkeit. Wie also kann die Öffentlichkeit den Sicherheitsapparat, den sie hasst und fürchtet, unterstützen und mit ihm zusammenarbeiten?

Durch die Propaganda der staatlichen Medien, die Polizisten als die bösen, überheblichen Kerle darstellen, gelingt es ihnen, jeden Tag einen großen Teil der Öffentlichkeit davon zu überzeugen, "den Bullen zu fürchten und zu hassen".

Manchmal sponsert der tiefe Staat mehrere Provokateure

in den Strafverfolgungsbehörden, um die Gewalt gegen Zivilisten aufrechtzuerhalten.

Zu anderen Zeiten spielt die Polizei den Plänen und dem Komplott des tiefen Staates in die Hände. Wann immer dies geschieht, berichten die Medien des tiefen Staates sensationell und regelmäßig über die Ereignisse, um die Massen anzusprechen.

Die ahnungslose Öffentlichkeit würde dann gezwungen sein, die gesamte Strafverfolgung durch die Handlungen einiger abtrünniger Polizisten zu sehen. Das Ergebnis wäre eine Bevölkerung, die dazu gebracht wird, die Polizei als ihren Feind zu betrachten.

In solchen Situationen würde die Kriminalitätsrate in einem Staat in die Höhe schnellen. Das liegt daran, dass einige gewalttätige Personen in der Öffentlichkeit absichtlich Verbrechen begehen, um die Polizei zu ärgern und sie als unfähig erscheinen zu lassen.

Kein Mitglied der Öffentlichkeit ist vor der Manipulation der Öffentlichkeit sicher. Analphabeten, Professoren, Beamte, Studenten, Regierungsbeamte und sogar Prominente sind vom Einfluss des tiefen Staates nicht ausgenommen.

Mehrere Prominente haben die Abschaffung der Polizei gefordert, einige haben sich sogar der Öffentlichkeit angeschlossen, um eine Petition gegen die Polizei zu starten. Während einige Prominente dies tun, weil sie auf der Gehaltsliste des tiefen Staates stehen, schließen sich andere dem Protest gegen die Strafverfolgung aufgrund der Manipulation durch den tiefen Staates an.

Unabhängig von den Gründen führt das Geschrei von Prominenten gegen die Polizei dazu, dass die Öffentlichkeit (ihre Anhänger) die Polizei noch mehr hasst.

Die Manipulation der Öffentlichkeit gegen die Polizei hat dazu geführt, dass friedliche Proteste allmählich der Vergangenheit angehören.

Gewalttätige Personen sehen Proteste nun als perfekte Gelegenheit, die Polizei zu treffen und sich an ihr zu rächen. Der Hass auf die Polizei hat auch zu einem Anstieg der Zahl von Personen und Gruppen geführt, die gegen die Strafverfolgung sind.

Manchmal kommt es zu gewalttätigen Auseinandersetzungen zwischen diesen Menschen und der Polizei, die zur Zerstörung von Eigentum und zum Verlust von Menschenleben auf beiden Seiten führen.

Der tiefe Staat hat die Menschen dazu gebracht, zu vergessen, dass auch Polizisten ein Teil des Volkes sind. Sie sind nicht vom Himmel gesprungen, sie haben auch Eltern, Ehepartner, Familien und Kinder.

Gegen einen Polizisten zu schlagen bedeutet, dass man gegen eine Person schlägt, die vielleicht ein Vater, ein Ehepartner und ein Bruder ist.

Der tiefe Staat hat die Öffentlichkeit dazu gebracht, die Polizei als eine böse Sekte zu betrachten, die für sich allein agiert und existiert. Die Personen, die die Polizei bevölkern, leben und essen jedoch unter uns.

Auch wenn es bei der Polizei einige Schurken gibt und diese vom tiefen Staat manipuliert werden, gibt dies keinen ausreichenden Grund, um die Abschaffung der Strafverfolgung zu fordern.

Es wird nur zu mehr Verbrechen in der Gesellschaft und langfristig zu einer ineffizienten Polizei führen.

In Amerika, wo jeden Tag kriminelle Aktivitäten stattfinden (mit Beteiligung des tiefen Staates), stellen Sie sich eine

Situation vor, in der die Polizei unterbezahlt ist, zu wenig Personal hat oder über veraltete Ausrüstung verfügt und nicht auf Sicherheitsnotfälle reagieren kann. Es würde zu einem Zusammenbruch von Recht und Ordnung kommen und das Chaos würde herrschen.

Die Menschen würden motiviert und ermutigt, kriminell zu werden, da sie sicher sind, nicht von der Polizei erwischt zu werden.

Dies ist die Absicht des tiefen Staates und der Grund für alle seine Manipulationstaktiken gegen die Öffentlichkeit und die Polizei.

Ebenso wichtig ist es, zu wissen, dass nicht alle Polizisten schlecht sind, wie die Medien des tiefen Staates es Ihnen weismachen wollen. Es gibt eine ganze Reihe von Polizisten, die freundlich, aufrichtig und entschlossen sind, den Menschen zu dienen.

In der Tat überwiegt das Gute in der Polizei das Schlechte. Ohne die Strafverfolgungsbehörden kann man sich nur vorstellen, zu was Städte wie New York, Detroit, Minnesota, Birmingham und andere amerikanische Städte verkommen wären.

Manipulation verschiedener Sexualitäten

Nachdem der Tiefe Staat eine große Ungleichheit zwischen männlichen und weiblichen Menschen geschaffen hatte, ging er noch einen Schritt weiter und legte den Grundstein für einen potenziellen Konflikt zwischen verschiedenen Sexualitäten wie Heteros und Schwulen sowie der weiblichen und trans-femininen Gemeinschaft.

Das Ziel des "Tiefen Staates" bestand einzig und allein darin, dafür zu sorgen, dass sich diese Parteien in den meisten

Fragen uneinig und gegensätzlich waren.

Sie hatten unterschiedliche Ideologien und Überzeugungen, aber eine Sache war allen Parteien gemeinsam. Sie wurden vom Tiefen Staat manipuliert, um ihre heimtückischen Handlungen auszuführen.

Werfen wir einen Blick auf die antifeministischen Transgender und feministischen Queer Tunten, die aus der Manipulation des Tiefen Staates entstanden sind.

Die heftigen Meinungsverschiedenheiten zwischen den antifeministischen Transgendern und den Feministinnen sorgen gelegentlich für Schlagzeilen, weil sie häufig missverstanden werden. Aber wie kam es zu all diesen gegensätzlichen Ideen und hitzigen Auseinandersetzungen?

Die Beantwortung dieser Frage erfordert eine sehr eingehende Betrachtung, um eine überzeugende Analyse des Themas zu erstellen. Wenn es auch nur den kleinsten Hauch einer Chance oder eines Hoffnungsschimmers gibt, um diesen Streit beizulegen, wäre das wahrscheinlich in Betracht gezogen worden.

Sie fragen sich, warum der Option der Versöhnung keine Chance gegeben wurde? Schauen Sie nicht weiter als der Tiefe Staat - es ist alles Teil ihres großen Plans. In beiden Parteien ist eine offensichtliche Abneigung zu beobachten, wenn es darum geht, sich auf die Perspektiven der jeweils anderen Partei zu verschiedenen Themen, die zur Diskussion stehen, einzulassen.

Es endet immer in Unstimmigkeiten und Zwietracht zwischen beiden Parteien. Das ist genau das, was der Tiefe Staat wollte.

Das Aufkommen der Anti-Transgender-Position innerhalb der feministischen Gemeinschaft wird gemeinhin mit dem bereits existierenden Zweig des radikalen Feminismus in Verbindung gebracht.

Die radikale Feministin war eine Sekte, die bereits durch die Handlungen des Tiefen Staates manipuliert wurde, um den Grundstein für die Anti-Transgender-Feministinnen zu legen.

Es ist offensichtlich, dass dies über einen langen Zeitraum geplant wurde, der tiefe Staat hat nicht einfach vor Monaten oder Wochen damit angefangen.

Die Theorien der radikalen feministischen Bewegung haben den Anti-Transgender-Feminismus hervorgebracht, der sich durchgesetzt hat.

Die radikale Feministin geht weit in die Geschichte zurück und verfügt über das Bündnis eines größeren Teils der feministischen Gemeinschaft. Anti-Transgender-Bewegung stützt sich also auf eine scharfe Anti-Trans-Ideologie, die sich auf echte, symbolisierte und komplizierte Erfahrungen mit der Sehnsucht nach weiblicher Unabhängigkeit gründet.

Der Glaube, dass feministische Queer Tunten noch nicht existierten, als die meisten ihrer grundlegenden Ideologien ins Leben gerufen wurden, wurde geformt, um ihre Absichten voranzutreiben.

Sie gehen davon aus, dass sie den Grund für ihre Handlungen nicht kennen oder nicht wissen, warum sie für die Rechte kämpfen, die sie für die ihren halten. Dies hat dazu geführt, dass die weibischen Queer Tunten voreilige Schlüsse ziehen, ohne Fakten zu kennen.

Diese Ideologien tragen wesentlich zur Stärkung der feministischen Anti-Transgender-Bewegung bei. Dies hat auch zu Paradoxien geführt, wie z. B. Anti-Transgender-Feministinnen, die den feministischen Queer Tunten sagen, dass sie keine Autorität in Bezug auf ihre eigenen Erfahrungen sind.

Da der Feminismus tief in der Vorstellung verwurzelt ist, dass der vernünftigste Wissensschatz, aus dem man schöpfen kann, die eigenen früheren Erfahrungen sind, könnte man dies leicht als kontraintuitiv betrachten.

Der tiefe Staat hat jedoch dafür gesorgt, dass dies für die antitransgender-feministische Gemeinschaft als wesentlich erscheint.

Im Laufe der Jahre hat der vom Tiefen Staat angestiftete Anti-Transgender-Feminismus die feministischen Queer Tunten als patriarchalische Sündenböcke betrachtet, die leicht durch fesselnde Beschreibungen und andere sentimentale Anhaftungen an schädliche Methoden und Modelle zu überzeugen sind.

Der tiefe Staat hat die Aktionen der Anti-Transgender-Feministinnen dahingehend beeinflusst, dass sie die feministischen Queer-Tunten entweder als absichtliche Infiltratoren betrachten, deren einziges Ziel es ist, den Feminismus von innen heraus zu stürzen.

Sie sind der Meinung, dass die Bewegungen der feministischen Queer Tunten Negativität ausstrahlen und die Positivität, für die sie stehen, behindern. Wenn feministische Queer Tunten sich als Frauen sehen und die Unterstützung anderer Feministinnen erhalten, treten Anti-Transgender-Feministinnen mit einer Verweigerung auf den Plan.

Die Anti-Transgender-Feministinnen behaupten, besser zu verstehen, was die feministischen Queer-Tunten denken und fühlen, weil sie sie entweder als gemeine Rückwärtsdenker betrachten oder als eine Ansammlung von Frauen, denen es an entscheidenden logischen Fähigkeiten zu fehlen scheint, um ihre eigene individuelle Realität zu verstehen.

Diese Sichtweise der feministischen Queer Tunten und ihrer Unterstützer als selbstunbewusst ist der erste Teil ihres Hasses auf Anti-Transgender-Feministinnen. In den Augen der Anti-Transgender-Feministinnen können nur die feministischen Queer-Tunten schändliche Handlungen wie das Verkleiden als Tier mit vollendeter Leichtigkeit vollziehen.

Das macht nicht mehr Sinn, als wenn Feministinnen die Möglichkeit in Betracht ziehen, dass Frauen vielleicht wirklich minderwertiger sind als Männer, oder Sozialisten anerkennen, dass der Kapitalismus wirklich gerechtfertigt sein kann.

Feministische Queer Tunten würden sicherlich das Argument vorbringen, dass diese Analogien extrem falsch sind, aber Anti-Transgender-Feministinnen würden sich dem widersetzen.

Während die Anti-Transgender-Feministinnen und feministischen Queer-Tunten die Begriffe unterstützen oder ablehnen, sind sie sich in einem Punkt einig: Sie wollen sicherstellen, dass die Pläne des Tiefen Staates effektiv funktionieren.

Als die Frauenbewegung wuchs streckte sie ihre Tentakel bis in alle Ecken und Winkel aus.

Mit dem Aufkommen und der Vorherrschaft des Neoliberalismus und der politischen Denker wuchs auch das Interesse an der Kultur und dem Diskurs. Der Anti-Transgender-Feminismus wurde marginaler und ein Großteil des Feminismus wurde einflussreicher und stärker.

Man muss nicht allzu weit in die Gegenwart blicken, um zu

sehen, wo wir jetzt stehen. Obwohl sexuelle Gewalt den Feministinnen nach wie vor ein Dorn im Auge ist, haben sich weder das vom Tiefen Staat kontrollierte Justizsystem noch die Gesellschaft (die unwissend unter dem Einfluss des Tiefen Staates steht) darauf geeinigt, dass Vergewaltiger die Schuld für Vergewaltigungen tragen müssen.

Frauen fühlen sich in Führungspositionen nach wie vor unterrepräsentiert und sind in schlecht bezahlten und statusabwertenden Berufen überrepräsentiert.

Man ist der festen Überzeugung, dass Frauen die Hauptlast der Familien- und Beziehungsarbeit tragen, auch wenn sie genauso viele Stunden einer bezahlten Arbeit nachgehen wie ihre männlichen Kollegen.

Typische Strukturen, wie ein Geschlecht zu sein hat, sind immer noch darauf ausgerichtet, den Nervenkitzel und das Vergnügen der Männer in den Mittelpunkt zu stellen. Während die Damen weiterhin motiviert werden, sich als schöne Objekte zu sehen; die verräterischen Handlungen des Deep State in Aktion.

Für Personen, die nicht zur Gemeinschaft der feministischen Queer Tunten gehören, wie die Anti-Transgender-Feministinnen, basiert die Funktionsweise des Systems der feministischen Queer Tunten auf minimalen Einsichten, die sie gesehen haben, und auf Annahmen, die sie getroffen haben.

Die feministisch-queeren Tunten werden leicht mit Perversionen und anderen sexuellen Abweichungen in Verbindung gebracht - wobei regelmäßig Verbindungen zu Sodomie, Plüschophilie[8] und Schediaphilie[9] hergestellt werden. Klingt bizarr, oder?

Es ist auch erwähnenswert, dass jedes Individuum ein Recht auf seine eigene Sexualität hat, unabhängig davon, wie merkwürdig oder seltsam sie tatsächlich erscheint. Der tiefe Staat hat dies erkannt und die Anti-Transgender-Feministen als Werkzeug benutzt, um die feministischen Queer-Tunten zu stigmatisieren.

Das Klischee der feministisch-queeren Tunten erscheint zum großen Teil sinnvoll. Es handelt sich um Feministinnen, die ein großes Interesse daran haben, sich in riesige, äußerst raffinierte Tierkostüme zu kleiden.

Für die Tunten könnten diese Annahmen gar nicht so weit von der Wahrheit entfernt sein. Für die Anti-Transgender-Feministinnen sind alles, was sie sehen, Feministinnen in Kostümen, die ihnen neue Identitäten verleihen. Das lässt vermuten, dass hinter der Szene eine noch dunklere Agenda steckt.

Die feministischen Queer Tunten tun alles, was in ihrer Macht steht, um das Stigma, das ihnen von den Anti-Transgender-Feministen auferlegt wird, zu beseitigen.

Trotzdem scheinen alle ihre Bemühungen gegen eine Mauer zu stoßen, da die Stigmatisierung immer stärker wird.

An diesem Punkt hat sich deutlich gezeigt, dass der tiefe Staat die Anti-Transgender-Feministinnen gegen die femi-

---

8 Plüschophilie ist die hingebungsvolle Wertschätzung und Liebe zu ausgestopften Tieren oder Plüschtieren und Plüschspielzeug; solche Liebhaber werden häufig als Plüschophile bezeichnet. Zu den prominenten Plüschophilen gehören Fox-Wolfie Galen und Vortex Kangaroo.

9 Schediaphilie, bei der sich eine Person sexuell zu Zeichentrickfiguren hingezogen fühlt.

nistischen Queer-Tunten ausgespielt hat, um zwischen beiden Parteien Unfrieden zu stiften. Das einzige Ziel ist, dass sich die feministischen Queer-Tunten im Vergleich zu den Anti-Transgender-Feministinnen minderwertig fühlen.

Daher wird jede Aktion der feministischen Queer Tunten unter die Lupe genommen, um sie weiter zu untersuchen und zu stigmatisieren.

Während die Anti-Transgender-Feministinnen in der feministischen Gemeinschaft mit irreführenden Gedanken gefüttert werden, was dazu führt, dass sie gegensätzliche feministische Werte mit Füßen treten, wie sie von den feministischen Queer Tunten vorgeschlagen werden.

Dies ist ein gut durchdachter Schachzug des Tiefen Staates, um seinen Plan in der feministischen Gemeinschaft zu verwirklichen.

Was dies zu einem sehr geschickten Schachzug und einem großen Schritt des Tiefen Staates macht, ist, dass beide Parteien gegeneinander vorgehen und sich als Feinde sehen. Beide Feinde wissen nicht, wer der wahre Feind und Verschwörer hinter der Bühne ist.

Der tiefe Staat manipuliert jede Bewegung der einzelnen Sexualitätsspaltungen. Sie sind nur Marionetten in den Händen eines Meisters, den sie nicht kennen.

Kapitel 10 Heuchelei

Ein typisches Merkmal politischer Proteste ist die massive Beteiligung und die große Anzahl von Menschen, die an jedem Protest beteiligt sind. So verzeichneten einige Proteste wie der Women's March 2017 mehr als vier Millionen Teilnehmer.

Unter Berücksichtigung der jüngsten Ereignisse kann die Black-Lives-Matter-Bewegung auch als eine der größten Bewegungen in der Welt betrachtet werden.

Die Zahl der Teilnehmer an der Bewegung in verschiedenen Städten geht in die Hunderttausende und sogar in die Millionen.

In einigen Orten waren die Proteste der Bewegung so zahlreich, dass der Verkehr in diesen Gebieten zum Erliegen kam.

Das bringt einen zum Nachdenken: Sind all diese Menschen, die an Protesten teilnehmen, wirklich so selbstlos? Liegt ihnen die Sache und das Wohlergehen anderer so sehr am Herzen, dass sie ihre eigenen persönlichen Angelegenheiten unbeaufsichtigt lassen?

Wenn man die Aktivitäten des tiefen Staates, seiner Chaos-Vollstrecker und Agent Provokateure betrachtet, dann ist man von der Antwort auf diese Fragen nicht weit entfernt.

Nach dem englischen Wörterbuch ist ein Protest eine öffentliche Äußerung des Widerspruchs, der Missbilligung oder der Ablehnung einer Idee oder einer Handlung, die in der Regel politisch ist.

Sie kann auch verschiedene Formen annehmen, aber die häufigste ist die Massendemonstration. Proteste sollen in der Regel friedlich sein, denn damit würde man den Leuten, gegen die man protestiert, die Botschaft übermitteln, dass man eine friedliche Lösung des Problems wünscht.

Diese Art von friedlichen Protesten wird bei Massendemonstrationen von Tag zu Tag seltener. Dies ist eine Folge der vom tiefen Staat gesponserten Gruppen und des Kalibers der Menschen, die sich diesen Protesten anschließen.

Proteste werden in der Regel von einer kleinen Gruppe gestartet, die mit der Regierung, einem Ereignis oder einer Situation unzufrieden ist.

Sie wussten jedoch, dass viele Menschen stark sind und ihre Stimme nicht gehört werden kann, wenn sie nicht viel sind. Daher teilen sie Informationen darüber, wo und wie der Protest stattfinden wird, in den sozialen Medien und über die verfügbaren Kanäle.

Am Tag des Protests werden viele Teilnehmer dem Aufruf folgen und sich am vereinbarten Ort versammeln, um die Proteste zu beginnen.

Aber nicht alle diese Personen sind an der Sache oder den idealistischen Werten interessiert, für die sich die ursprünglichen Demonstranten einsetzen wollen, sondern sie tauchen aus persönlichen Motiven auf und es juckt sie, etwas zu zerstören.

Einige von ihnen sind daran interessiert, das zu finden, was sie in den Geschäften plündern oder umsonst bekommen würden. Andere nehmen sogar an den Protesten teil, um die Taschen der Demonstranten zu plündern.

Da diese Personen wissen, dass sie bei einem friedlichen Protest nicht plündern dürfen, nehmen sie in erster Linie mit dem Ziel teil, zu Gewalt anzustiften.

Sie nutzen das Chaos, das bei einer Demonstration

herrscht, um zu plündern und die Demonstration zu verlassen, bevor man „A" sagen kann - Auftrag erfüllt.

Die Gegner der Strafverfolgung, die an den Protesten teilnehmen, würden die Gelegenheit nutzen, um auf die Polizisten loszugehen und zu Gewalt anzustiften.

Das soll nicht heißen, dass es bei Protesten nicht auch ehrliche Menschen gibt. Diese Menschen sind jedoch im Verhältnis zu denjenigen, die dort sind, um zu stehlen und ihre Wut an jemandem oder etwas auszulassen, immer kleiner.

Kein anderer Protest beweist diese heuchlerische Natur vieler Demonstranten mehr als die Black-Lives-Matter-Bewegungen, die nach der Ermordung von George Floyd in praktisch allen Städten Amerikas entstanden sind.

Die Proteste und Bewegungen, die dafür sorgten, führten in einigen Städten zum Zusammenbruch von Recht und Ordnung.

In mehreren Städten waren Plünderungen, Brandstiftung, Morde und Gewalt gegen die Polizei kennzeichnend für die Black-Lives-Matter-Proteste. Dies ist auf die Kategorie der Teilnehmer an den Protesten zurückzuführen.

Die BLM-Proteste hatten Teilnehmer und Einzelpersonen aus verschiedenen Gruppen wie der Antifa und mehreren anderen Gruppen, die über ganz Amerika verstreut waren.

Wie zu erwarten, sind an den Protesten auch viele Menschen beteiligt, die sich über Rassen, Status und Stellung in der Gesellschaft hinwegsetzen.

Unter diesen Personen gibt es Agent Provokateure und andere Personen mit versteckten persönlichen Motiven. Mit dieser Art von Menschen in einem Protest ist die Wahrscheinlichkeit, dass dieser Protest explosiv wird, ziemlich hoch.

Ein Einwand gegen diese Behauptung könnte lauten: Wie kann die Anwesenheit der Antifa, die behauptet, gegen Faschismus zu sein, Plünderungen und Ausschreitungen bei Protesten fördern? Einige Leute könnten sogar sagen, dass die Anwesenheit der Antifa bei den Protesten dafür sorgt, dass diese nicht eskalieren.

Jedoch die Art der Personen, aus denen sich die Mitglieder der Gruppe zusammensetzen, und ihren Modus Operandi, so ist ein gewisses Maß an Gewalt bei den Protesten, an denen sie beteiligt sind, nicht zu vermeiden.

In der Antifa sind einige nicht gegen den Faschismus, sondern wollen einfach nur randalieren. Diese Mitglieder sind gegen die Polizei und nutzen die Tarnung der Gruppe und des Protests, um Gewalt auszuüben.

Sogar die Methoden, die die Antifa bei ihren Protesten anwendet, stellen sie als Gewalttäter dar. Vieles über die Ideologie und Taktik der Antifa während der Proteste wurde bereits unter den Vollstreckern des Tiefen Staates in diesem Buch behandelt.

Ihr Auftrag und der Grund für die Teilnahme an den Protesten sind ganz klar: Sie greifen die Strafverfolgung an. Dies zeigt, wie heuchlerisch diese Gruppen sind. Sie behaupten, gegen Unterdrückung, Misshandlung, Rassismus und Faschismus zu agitieren, doch sie sehen und nutzen die Proteste als Plattformen und Gelegenheiten, um Gewalt auszuüben, zu plündern und gegen ihre Feinde zu kämpfen.

All dies, einschließlich der Aktivitäten der Agent Provokateure, macht das ursprüngliche Ziel für die Proteste zunichte.

Bei den jüngsten Protesten gegen George Floyd und Black Lives Matter sehen einige Schwarze die Demonstration als

Gelegenheit, Geräte wie neue Fernseher, Stereoanlagen und andere zu stehlen.

Dinge, die nicht geplündert werden konnten, wie Autos und Gebäude, wurden zerstört und beschädigt.

Diese Personen wurden mit der Kamera dabei gefilmt, wie sie absichtlich in Geschäfte einbrechen, stehlen und Dinge zerstören. Sie hielten sich nicht zurück, sondern nahmen alles mit und zerstörten alles, was sich ihnen während der Unruhen in den Weg stellte.

Einige gingen sogar so weit, dass sie ihre schwarzen Mitbürger verletzten und töteten, die gegen ihre Plünderungsaktion protestierten und dagegen waren.

Viele dieser Plünderer wissen jedoch, dass die meisten der von ihnen zerstörten Geschäfte und Häuser hauptsächlich Schwarzen und Menschen gehörten, die ihre Sache unterstützten.

Die meisten Opfer dieser Plünderer waren ebenfalls schwarz. Wo bleibt da die Liebe? Ist es nicht ironisch, dass in einer Bewegung, die die Bedeutung des Lebens der Schwarzen zum Ausdruck bringen sollte, ihren schwarzen Mitmenschen Gewalt antun?

Was ist dann das Ziel solcher Proteste, wenn einige Schwarze nicht einmal die Tatsache erkennen, dass das Leben von Schwarzen und auch das Eigentum von Schwarzen wichtig ist! Dennoch sind diese Plünderer die ersten, die wütend werden, wenn sie sehen, dass ein Polizist oder ein Weißer Schwarze auf dieselbe Weise behandelt. Was für eine Heuchelei!

Es gibt jedoch keine Rechtfertigung dafür, andere Rassen zu töten oder Eigentum von Weißen zu zerstören, da sich viele Weiße in solchen Bewegungen mit Schwarzen solidarisierten.

Daran können wir die Heuchelei erkennen, die während dieser Proteste bestand und weiterhin besteht. Es ist dieser heuchlerische Aspekt der Demonstranten, von dem sich der tiefe Staat ernährt, um Chaos und Unruhe in der Gesellschaft zu stiften.

Kapitel 11 Freies und souveränes Volk

Ich gratuliere Ihnen, dass Sie bis zu diesem Punkt gelesen haben. Ich erwarte, dass Sie nun besser informiert sind und mehr über den tiefen Staat und seine Methoden wissen.

Es ist wahrscheinlich, dass Sie noch nie etwas vom tiefen Staat oder der kleinen Elite gehört hatten und dieses Buch Ihre erste Gelegenheit war, etwas über die bösartigen Verschwörer zu lesen.

Der tiefe Staat ist zweifellos sehr mächtig und weitreichend, wie Sie in diesem Buch erfahren haben. Ihre Macht und ihr Einfluss erstreckt sich über praktisch alle Regierungsebenen und Lebensbereiche in der Gesellschaft.

Ihre Nachrichtensender und sozialen Medien sind von der Manipulation durch den tiefen Staat nicht ausgenommen. Tatsächlich könnten Sie irgendwann einmal oder sogar gegenwärtig unter den Einfluss des tiefen Staates geraten sein.

Sind Sie sicher, dass die Werte und Ideale, an denen Sie jetzt festhalten, wirklich die Ihren sind? Die Maßnahmen, die Sie gemeinsam mit den Menschen ergriffen haben, waren Sie tatsächlich selbst verantwortlich oder wurden Sie von der Öffentlichkeitsarbeit beeinflusst, die indirekt die Meinung des tiefen Staates ist?

Obwohl die Macht des tiefen Staates in diesem Buch ausdrücklich hervorgehoben wird, sind ihre Methoden nicht spirituell oder werden von Unvorhergesehenem kontrolliert.

Vielmehr sind ihre Methoden, Strategien und Wege zur Erreichung ihrer Ziele physisch und menschengemacht, was bedeutet, dass sie auch anfällig für Misserfolge sind.

Nicht alle Pläne und Ideen des tiefen Staates funktionieren. In der Tat können sie in ihrem Spiel geschlagen werden. Der tiefe Staat gibt sich zwar große Mühe, aber er kann nicht jeden in der Gesellschaft manipulieren.

Wie Abraham Lincoln einmal sagte:

> "Man kann alle Menschen *manchmal* täuschen und einige Menschen *auf Dauer*,

> aber man kann nicht *alle* Menschen *auf Dauer* täuschen".

Das bedeutet, dass es einige freie und souveräne Menschen gibt, die sich nicht vom tiefen Staat beeinflussen lassen.

Der Grund, warum diese Menschen als "frei und souverän" bezeichnet werden, ist, dass sie nicht wie die Masse denken oder so denken, wie der tiefe Staat die Öffentlichkeit zum „Denken" gebracht hat.

Diese Menschen akzeptieren nicht alles, was sie in den Nachrichten sehen, lesen oder hören, mit Haut und Haaren. Vielmehr denken sie gründlich nach und informieren sich, bevor sie sich einer Meinung anschließen oder glauben, was sie gehört oder gelesen haben.

Diese Menschen nehmen nicht einmal blindlings an Protesten teil, weil sie wissen, wozu Gewalttäter sie benutzen könnten. Die freien und souveränen Menschen sind wie die letzten Wächter der Erde.

Es ist ihrer Widerstandsfähigkeit gegen die Manipulation durch den tiefen Staat zu verdanken, dass die Welt noch nicht vollständig vom tiefen Staat beherrscht wurde. Es ist den Aktivitäten dieser freien Menschen zu verdanken, dass der tiefe Staat sein Ziel der Neuen Weltordnung noch nicht erreicht hat.

Die gute Nachricht ist, dass Sie sich dieser Gruppe von Freidenkern anschließen können. Auch Sie können frei und souverän sein. Das ist keine abgehobene High-Tech-Wissenschaft.

Es gibt einige Dinge, mit denen Sie aufhören müssen, bzw. Dinge, mit denen Sie anfangen müssen. Schauen wir uns einige von ihnen unten an.

Erstens müssen Sie verstehen, dass es sehr wichtig und unerlässlich ist, informiert zu sein, um frei zu sein: Natürlich wird es für Sie ziemlich schwierig sein, sich selbst mit Nachrichten zu versorgen, so dass Sie sich immer noch auf Ihre lokalen Medien und Nachrichtenagenturen verlassen müssen, um Informationen zu erhalten.

Verlassen Sie sich jedoch nicht zu sehr auf sie und akzeptieren Sie nicht alles, was sie berichten, nur weil Sie es von ihnen lesen oder hören.

Vergewissern Sie sich, dass Sie Ihre Informationen mit anderen Medien auf lokaler und internationaler Ebene abgleichen. Wenn möglich, stellen Sie sicher, dass Sie die Fakten der Informationen selbst überprüfen.

Es ist wichtig, dass auch Sie unvoreingenommen und offen sind. Wenn Sie gegen eine Sache, eine Gruppe oder eine Persönlichkeit voreingenommen sind, ist es normal, dass Sie jede Nachricht, die diese Person oder Gruppe in ein schlechtes Licht rückt, bereitwillig akzeptieren würden. Selbst wenn Sie sich sicher sind, dass es sich um Propaganda handelt und die Behauptungen nicht stimmen können, würden Sie sie aufgrund Ihrer Voreingenommenheit trotzdem akzeptieren.

Wenn Sie jedoch unvoreingenommen sind, würden Sie sich nicht so leicht ein Urteil oder eine Schlussfolgerung bilden. Sie würden eher die Fakten und Behauptungen überprüfen wollen, bevor Sie sie akzeptieren oder entkräften.

Sie müssen wissen, dass eine Menge Propaganda im Umlauf ist. Die kleine Elite und der tiefe Staat schlafen nicht und ruhen sich nicht auf ihren Lorbeeren aus.

Der beste Weg, um sich nicht verunsichern und manipulieren zu lassen, besteht darin, sich zu informieren und vor allem unvoreingenommen an diese Informationen heranzugehen.

Sie sollten auch in der Lage sein, Fakten von Propaganda und Informationen von Fehlinformationen zu unterscheiden.

Um Sie für ihre Sache zu gewinnen und Sie zur Unterstützung ihrer Politik zu bewegen, setzen die Regierung und der tiefe Staat Propaganda ein und verdrehen die Fakten in den Medien. Aus diesem Grund müssen Sie jede Information, die Sie lesen, überprüfen.

Zweitens ist der Besitz einer Waffe lebenswichtig. Alle wenigen und souveränen Menschen verstehen die Bedeutung des Waffenbesitzes. Einige von ihnen waren sogar an der Ausarbeitung der US-Verfassung beteiligt.

Dies ist im zweiten Zusatzartikel der US-Verfassung verankert, in dem es heißt: "Eine gut regulierte Miliz ist für die Sicherheit eines freien Staates notwendig, und das Recht des Volkes, Waffen zu behalten und zu tragen, darf nicht verletzt werden. "

Im Gegensatz zur Propaganda des tiefen Staates ist es Ihr Recht, Waffen zu besitzen.

Die Mission des tiefen Staates ist es, den Besitz von Waffen durch Zivilisten einzuschränken oder sogar ganz zu unterbinden, damit sie die totale Kontrolle über die Waffen und andere Munition haben, wenn sie ihre Neue Weltordnung erreichen.

Sie erkannten, was eine Gesellschaft, in der jedes freie Individuum Waffen besitzt, für ihre Pläne bedeuten könnte. Sie wussten, dass die Bürger mit Waffen und Munition eine tyrannische Regierung leicht abwehren und zurückschlagen können. Aus diesem Grund haben die Medien des tiefen Staates ihre Propaganda gegen den Waffenbesitz verstärkt und mehrere Verbrechen gesponsert, um ihr Argument zu untermauern.

Wenn man sich die zunehmenden Videos über Waffenkriminalität in einigen Städten in den sozialen Medien ansieht, möchte man dem tiefen Staat zustimmen.

Es ist jedoch wichtig zu wissen, dass die Personen, die hinter diesen Verbrechen stehen, direkt oder indirekt für den tiefen Staat arbeiten.

Wirklich freie und souveräne Menschen begehen keine Verbrechen mit ihren Waffen, weil sie nicht nur den Waffenbesitz schätzen, sondern auch das Leben und die Freiheit.

Drittens: Um ein freies und souveränes Individuum zu werden, müssen Sie die Verantwortung dafür übernehmen, zu verhindern, dass Ihre Gebiete von Randalierern und Provokateuren infiziert und überfallen werden.

Die wahren Absichten dieser gewalttätigen Gruppen und Provokateure wurden in einigen früheren Kapiteln dieses Buchs dargelegt.

Sie kämpfen nicht für eine gerechte Sache, sie sind nicht

einmal an wahren Werten und Idealen interessiert. Ihre einzige Zielsetzung ist es, zu stehlen und Gewalt auszuüben, und sie werden dabei vom tiefen Staat unterstützt.

Alle gewalttätigen Gruppen, einschließlich der Antifa und einiger anderer, arbeiten für den tiefen Staat, und es ist ihnen egal, wessen Ochs aufgespiesst wird.

Sie sind weder Ihre Freunde noch Ihre Verbündeten, selbst wenn sie vorgeben, die Ansichten zu vertreten, die Sie vertreten.

Sie handeln mit Gewalt und halten sie aufrecht. Stellen Sie sich vor, was eine solche Gruppe in Ihrem Gebiet anrichten könnte. Sie einzuladen oder ihnen zu erlauben, Ihr Gebiet zu infizieren, könnte sehr gefährlich sein und sogar zum Verlust von Leben und Eigentum führen.

Als freies Individuum müssen Sie dies verhindern und die Menschen in Ihrer Gegend versammeln, um das Eindringen dieser Krawallmacher und Provokateure zu verhindern. Nehmen Sie sich ein Beispiel an den Einwohnern von Yulcapa CA, die bei den letzten George Floyd-Protesten die Antifa so schnell aus der Stadt jagten, wie sie gekommen waren.

Abgesehen davon sollten Sie Ihr Viertel nicht als Brutstätte für Deep State-Gruppen und Vollstrecker hergeben.

Vergewissern Sie sich, dass deren Treffpunkt nicht in Ihrem Viertel liegt und dass Mitglieder Ihres Bezirks nicht zu diesen Gruppen gehören. Auf diese Weise können Sie Ihr Viertel, d. h. Ihr Haus, Ihre Familie und Ihre Freunde, vor diesen gewaltbereiten Personen während der Proteste schützen.

Schließlich kennen und verstehen wir die Macht der Einheit. Der Kampf richtet sich nicht gegen Ihre Mitbürger, sondern gegen den tiefen Staat.

Der tiefe Staat wusste, was ein geeintes Volk für seine Pläne tun könnte, also sorgen sie dafür, dass die Menschen gespalten bleiben. Schließen Sie sich nicht der Menge an, die sich gegenseitig hasst. Ein vereintes Volk beginnt mit Ihnen.

Konzentrieren Sie sich auf das, was uns verbindet, nicht auf das, was uns trennt. Natürlich kann nicht jeder so sein wie Sie, was Hautfarbe, Gestalt, Größe, Glauben und alle anderen Aspekte des Lebens angeht, aber lernen Sie, die Menschen zu tolerieren und zu akzeptieren, wie sie sind.

Konzentrieren Sie sich auf die Tatsache, dass sie Menschen sind wie Sie und Ziele und Bestrebungen haben wie Sie selbst. Die freien und souveränen Menschen sind überall auf der Welt vereint. Frei zu sein hat nichts mit Ihrer Hautfarbe, Ihrer Nation, Ihrem Beruf oder Ihrem Status zu tun.

Solange Sie bereit sind, objektiv zu denken, sich zu informieren und den Menschen Liebe entgegenzubringen, sind Sie ein freier und souveräner Mensch.

Unser Verlagsprogramm

Preisliste in CHF/EUR

Die kleine 5G Fibel - Alles was Jeder über Mobilfunk wissen sollte TB 10.00, eBook 5.00

Dianetik: Die moderne Wissenschaft der geistigen Gesundheit

TB 24.00, eBook 9.99

Scientology? Was ist wirklich mit Scientology verkehrt? Es ist ganz anders, als Du gedacht hast!

TB 5.55, eBook 3.33

Revolte in den Sternen - Basierend auf den Werken von L. Ron Hubbard – TB 27.00, eBook 9.99

7+7 Secrets, die Heute Jeder wissen sollte.

TB 12.00, eBook 5.55

Baron Trumps wundervolle Reise in die Hohle Erde TB 19.-, ebook 9.99

Der Letzte Präsident: Mehr als ein spannender Roman - Eine Donald J. Trump Prophezeiung von vor 120 Jahren (Baron Trump Serie 3)   TB 5.85, eBook 3.60

Reisen und Abenteuer des kleinen Baron Trump und seines wunderbaren Hundes Bulger TB 19.99, eBook 9.99

Weitere Bücher der Q Society

Der Krieg gegen das Bargeld - Der Wandel vom Papiergeld zum Mikrochip

THE WAR ON CASH – THE TRANSFORMATION FROM PAPER MONEY TO MICROCHIPS gibt Ihnen einen tiefen Einblick in einen echten Finanzkrimi.

Geld regiert die Welt, denn Geld ist Macht. Menschen, die Macht haben, streben nach immer mehr Macht. Sie sind bereits unglaublich reich und sehr mächtig, aber sie wollen noch mehr! Papiergeld gibt dem Besitzer Freiheit, auch wenn er nicht viel davon hat, kann er es doch frei verwenden. Das missfällt den Mächtigen und deshalb wollen sie die freie Verwendung des Geldes beenden, um die totale Kontrolle über das Geld und damit über die Menschen zu erlangen. Erfahren Sie alles über diesen Plan in diesem Buch.

Nur auf Englisch bei Amazon als Kindle-eBook erhältlich.

Der Corona Lockdown - Die Welt abschalten

In THE CORONA LOCKDOWN – SHUTTING DOWN THE WORLD erhalten Sie tiefe Einblicke in die Gründe und das Wesen der Lockdown-Agenda. Der Lockdown gegen die angebliche Pandemie zwingt uns alle, in unseren Häusern zu bleiben und schränkt unsere Bewegungsfreiheit ein. Er raubt uns unsere Freiheit, ruiniert unsere Geschäfte, quält unsere Psyche und damit unsere Gesundheit.

In diesem Buch erfahren Sie mehr über die Verschwörung und das wahre Motiv hinter dem Lockdown.

Sie vermittelt ein vollständiges Bild der negativen Auswirkungen.

Dieses Buch wird Sie angemessen auf zukünftige Umstände vorbereiten und Ihnen helfen, wieder auf die Beine zu kommen, wenn Sie von diesen Umständen betroffen.

Nur auf Englisch bei Amazon als Kindle-eBook erhältlich.

Die kleine 5G Fibel

Der Autor wurde gebeten in verschiedenen Gemeinden der Zentralschweiz einen Vortrag zur neuen 5. Generation des Mobilfunks (5G) zu halten. Alles was er in hunderten Stunden darüber studiert hat, sollte auf eine Stunde reduziert werden, nur das Wichtigste, um die Bürger kurz zu informieren. Aus diesen Vorträgen ist dann schließlich der erste Teil dieser kleine Fibel entstanden.

Gegen bislang über zwei dutzend 5G-Mobilfunk-Bauanträgen hat der Autor eine Einsprache formuliert und geholfen, den Widerstandes aufzubauen. Als Unternehmer (seit 40 Jahren) hat er sein erfolgreiches Vorgehen zum Gruppenaufbau durchorganisiert, strukturiert und auch automatisiert und die entstandenen Checklisten im zweiten Teil abgedruckt, damit Andere das einfach nachvollziehen können.

Im dritten Teil des Buches wird über den Tellerrand hinaus geschaut und die wahren Gründe hinter der forcierten 5G-Installation enthüllt. Viele glauben, es ginge nur um Profite im Mobilfunk oder um staatliche Datensammlungen gegen seine Bürger. Doch diese massive, flächendeckende Verwendung von gerichteter Mikrowellenstrahlung geht weit über diese Zwecke hinaus. Erhellend.

Der Schriftsteller Andreas M. B. Groß ist in Deutschland aufgewachsen, hat dort Physik und Informatik studiert, als Dipl.-Ing. ein IT-Unternehmen gegründet und ist 2005 in die Schweiz ausgewandert. Er hat beim Schweizer BAKOM eine Funkerprüfung abgelegt und durchschaut daher die fachwortdurchtränkte Propaganda der Mobilfunkindustrie, die eine Menge zu verbergen sucht. Er lebt mit Frau und Havaneserdamen in Morgarten/Zug und widmet sich jetzt vor allem der Schriftstellerei.

ISBN-Taschenbuch: 978-3-947982-37-0, ebook: 978-100-532705-7

Dianetik: Die moderne Wissenschaft der geistigen Gesundheit

Die Free-Dianetics-Edition macht den Leser auf die Übernahme der Scientology-Kirche durch den Deep State aufmerksam. Denn die RTC-kontrollierte Kirche vertreibt eine gekürzte, zensierte Version der Dianetik, noch dazu unter einem falschen Namen, sie vertuschen die Wissenschaftlichkeit, um sich als Staatsreligion anzubiedern.

Dies jedoch ist die komplette deutsche Ausgabe des Originals von 1950 mit sechs zusätzlichen Kapiteln gegenüber den RTC-Ausgaben, erstmals in Deutsch.

ISBN 670 Seiten, Hardcover m Schutzumschlag, deutsch: 978-3-947982-16-5

ISBN Hardcover, english 978-3-947982-06-6

ISBN eBook, deutsche 978-171784566-5

Auch als kostengünstiger Ergänzungsband zum gekürzten Dianetikbuch der Kirche: nur die 6 fehlenden Kapitel:

ISBN Print, Deutsch: 978-3-947982-13-4

Scientology?
Was ist wirklich mit Scientology verkehrt?
Es ist ganz anders, als Du gedacht hast!

ISBN Taschenbuch, Deutsch 978-3-947982-09-7 oder eBook

Hinter dem gegenwärtigen Renommee von Scientology verbirgt sich eine bislang ungeschriebene Geschichte von staatlicher Vertuschung, CIA-Infiltration und einer geheimen, feindlichen Übernahme.

In diesem Buch werden Sie eine Einsicht entdecken, die seit 50 Jahren von den Medien geheim gehalten wird, die faszinierender ist als die Scientology-Skandale, mit denen sie verschleiert wurde.

Treten Sie ein in eine Welt, in der Außerkörperliches Reisen (Remote Viewing), Telekinese und übersinnliche Wahrnehmung erlernbare Fähigkeiten geworden sind. Eine Technologie, die so mächtig ist, dass sie das Gleichgewicht des Kalten Krieges bedrohte, und die amerikanischen Geheimdienste veranlasste, vor nichts zurückzuschrecken, um sie für sich zu vereinnahmen.

Finden Sie die wahre Story heraus, was mit Scientology passiert ist, damit sie zu der Sekte wurde, die sie heute ist. Was wirklich mit L. Ron Hubbard geschah, passierte 1972, seitdem er nicht mehr in der Öffentlichkeit gesehen werden konnte. Und wie Präsident Trump dazu beiträgt, die Angelegenheit endlich in Ordnung zu bringen.

Ergreifen wir die Gelegenheit, das Ruder herumzureißen?

Revolte in den Sternen

Basierend auf den Werken von L. Ron Hubbard

Die Hälfte des Buches ist der Sciencefiction Thriller „Revolt in the Stars", der L. Ron Hubbard zugeschrieben wird und hiermit erstmals veröffentlicht wird. Die andere Hälfte untersucht den Wahrheitsgehalt der Story.

Der Schweizer Ingenieur und Forscher Andreas M. B. Groß verbindet die Punkte. Als Auditor und Reinkarnations-Therapeut erkannte er die Chancen für die Geschichtsschreibung und Archäologie, neben physischen Fundstücken und historischen Aufzeichnungen auch Zeugenberichte von denen zu nutzen, die sich erinnern können, damals dabei gewesen zu sein. Es gibt dabei Möglichkeiten, die Spreu vom Weizen zu trennen: Phantasie von der Realität.

Am Beispiel des großen Massensterbens nicht nur der Dinosaurier, das die Wissenschaft auf vor 66 Mio Jahre datiert hat, zeigt Groß die Möglichkeiten auf, die Auditing der Geschichtsforschung offeriert.

Es gab damals schon Menschen und Hochzivilisation. Zeitgleich mit dem T-Rex u. a. Sauriern. Und es gab damals - genau wie Heute - korrupte Politiker, die eine Diktatur errichten wollen und dabei über Leichen gingen. Sie wollten die "Überbevölkerung" reduzieren und begangen Völkermord.

Die weltweit 1978 gefundene Iridiumschicht zeugt von der Katastrophe, die Hubbard schon 1967 detailliert beschrieb. Auch in den Veden finden sich davon Erinnerungen.

Die Filmreihe "Star Wars" beschreibt das gleiche Geschehnis aus einer anderen Perspektive. Hatte George Lukas den Auftrag dafür von Hubbard erhalten? Die Ähnlichkeit ist zu frappierend.

ISBN Hardcover 978-3-947982-26-4, ISBN eBook 978-3-947982-33-2

7+7 Secrets, die Heute Jeder wissen sollte

Autor: Andreas Groß. Kennst Du die geistigen Naturgesetze? Interessengruppen versuchen immer noch, sie geheim zu halten. Für spirituell fortgeschrittene Studierende offenbare ich hier 7+7 Secrets: Geheime geistige Gesetze, die Dir das Leben leichter machen werden. 7 von 10 Erfolgsmenschen verwenden offen oder insgeheim geistige Praktiken. In diesem Buch findest Du keine wieder aufgebrühten Halbwahrheiten, sondern völlig neue Einsichten in die geistigen Naturgesetze. Garantiert. Anwendbar in jeder Beziehung: wo willst Du beginnen, wo drückt Dein Schuh am meisten?

Als Taschenbuch 9. 99 € oder als eBook 4. 99 €. Hier ein leichter Einstieg in die Bewusstseinserweiterung.

ISBN Taschenbuch, Deutsch 9781983184024

auch als eBook erhältlich

Die drei „Baron Trump Bücher"

Es gibt einige unglaubliche Verbindungen zwischen der First Family des 45. Präsidenten der Vereinigten Staaten mit Lockwoods Romanen aus der Wende zum 19. Jahrhunderts. Zunächst einmal ist der Name der Hauptfigur derselbe wie der Sohn von Präsident Donald Trump, wenn auch etwas anders geschrieben. Trumps Abenteuer beginnen in Russland und werden dank der Anweisungen von "dem Meister aller Meister", einem Mann namens "Don", geleitet. Ein grosser Lesespass!

Baron Trumps wundervolle Reise in die Hohle Erde

Donald J. Trump Prophezeiung von vor 130 Jahren

Ingersoll Lockwood, verband in seinen Romanen aus den späten 19. Jahrhundert eine einzigartige Mischung aus Sciencefiction und Fantasy. Im Mittelpunkt steht eine eigentümliche fiktionale Figur, bei deren Namen Heute eine Glocke klingelt: Baron Trump.

Trump, ein aristokratisch wohlhabender junger Mann Deutscher Abstammung, der im Trump-Tower lebt, ist der Protagonist von Lockwoods ersten beiden fantastischen Romanen. Der kleine Junge, der eine unendliche Phantasie und "ein sehr aktives Gehirn" hat (Autist?), ist von dem luxuriösen Lebensstil gelangweilt, den er so gewöhnt ist. Also entschließt sich Trump die Welt zu bereisen, um sich auf außergewöhnliche Erlebnisse einzulassen. Unter anderem freundet er sich mit Russland, China und Indien an. Er lernt bei einem erleuchteten Guru und bewältigt andere Abenteuer und entdeckt sogar das Innere der Hohlen Erde.

Trump ist mit seinem höchsten IQ auch noch sehr gebildet. Damit löst er die komplexesten und gefährlichsten Probleme auf unerwartete Art.

Ein Fantasy-Roman aus der Zeit von Alice im Wunderland. Ein grosser Lesespaß für Erwachsene und Erwachte, die noch immer ihren Horizont erweitern wollen. Über 350 Seiten, humorvoll und mit Zeichnungen bebildert. Ist dies ein neuer Beweis dafür, dass die Familie Trump eine Zeitmaschine besitzt, die von Nikola Tesla entworfen und von Donalds Onkel John G. Trump entdeckt wurde?

ISBN: TB 978-3-947982-15-8 ,

ISBN: ebook 978-139 389 033-1

Der Letzte Präsident: Mehr als ein spannender Roman

Eine Donald J. Trump Prophezeiung von vor 120 Jahren (Baron Trump Serie 3)Dieses prophetische Buch wurde am Ende des 19. Jahrhunderts verfasst: Wie kann die Herrschaft der Banken und Rothschilds gebrochen werden? Wie kann die amerikanische Revolution zum erfolgreichen Abschluss gebracht werden?

Ein Werk der politischen Satire, das den Aufstieg des Sozialismus und des Populismus züchtigt und ihren fiktiven Aufstieg hier als katastrophal und chaotisch bezeichnet. Es ist bemerkenswert, dass dieses Werk, zusammen mit anderen von Lockwood, das aktuelle politische Klima der Vereinigten Staaten und des Westens zu prognostizieren scheint – und es scheint, dass der Katholik Lockwood erfolgreich einige prophetische Kräfte anzapfen konnte.

Trotzdem ernstzunehmenden Hintergrund ist daraus eine interessante kleine politische Geschichte geworden, die einige der sozialen Ideologien und Bewegungen seiner Zeit widerspiegelt.

A. Groß informiert den deutschsprachigen Leser im Vorwort über die amerikanische Geschichte des ausgehenden 19. Jahrhunderts, insbesondere über den politischen Kampf zwischen Unabhängigkeitsstreben und Bankervormacht, damit der Hintergrund des Romans verstanden wird.

Der New Yorker Rechtsanwalt und Autor Ingersoll Lockwood (* 2. August 1841 – † 30. September 1918) schrieb eine Reihe kleiner Romane, die erstaunlicherweise „Baron Trump" genannt wurde. Daher ist dieser Roman der „Baron Trump Band 3".

ISBN Taschenbuch, 978-3-947982-19-6 ISBN eBook 978-3-947982-32-5

Reisen und Abenteuer des kleinen Baron Trump und seines wunderbaren Hundes Bulger

Von Ingersoll Lockwood, Übersetzung Andreas M. B. Groß

Trump, ein aristokratisch wohlhabender junger Mann Deutscher Abstammung namens Wilhelm Heinrich Sebastian Von Trump, der im Schloss Trump lebt, ist der Protagonist von Lockwoods ersten beiden fiktiven Romanen. Der kleine Junge, der eine unendliche Phantasie und "ein sehr aktives Gehirn" hat, ist gelangweilt von dem luxuriösen Lebensstil, den er so gewöhnt ist. Also entschließt sich Trump die Welt zu bereisen, um sich auf außergewöhnliche Erlebnisse einzulassen. Unter anderem China und Indien. Er schließt sich einem erleuchteten Guru an und bewältigt andere Abenteuer. Trump ist mit seinem höchsten IQ auch noch sehr gebildet, seine Tutoren entlässt er, weil er schon alles von ihnen gelernt hat. Damit kann er die komplexesten und gefährlichsten Probleme auf unerwartete Art lösen.

Eigentlich sollte das ein Kinderbuch sein, aber tatsächlich ist es ein grosser Lesespaß auch für Erwachsene, die ihren Horizont erweitern wollen. Tierfreunde kommen auch auf ihren Genuss, sie werden ihre Fellnasen in dem Buch wieder und wieder erkennen und lieben. Wie kann man nur ohne einen Hund durchs Leben gehen?! Über 400 Seiten, humorvoll bebildert.

Die Illustrationen aus den Romanen zeigen Trump in verschwenderischer, altmodischer Kleidung und Schmuck, wie er von Schloss Trump aufbricht, seine Reise beginnt und nach Russland aufbricht, um einen Eingang in andere Dimensionen zu finden.

ISBN Druckausgabe, Deutsch 978-3-947982-24-0

ISBN eBook, Deutsch 978-3-947982-31-8

Letzte Seite des Buches

Ingram Content Group UK Ltd.
Milton Keynes UK
UKHW020653270623
424112UK00014B/419

9 783947 982738